高校教育信息化管理与教学应用

熊一心 ◎ 著

吉林出版集团股份有限公司

版权所有　侵权必究

图书在版编目（CIP）数据

高校教育信息化管理与教学应用 / 熊一心著. — 长春：吉林出版集团股份有限公司，2024.5
ISBN 978-7-5731-4864-3

Ⅰ．①高… Ⅱ．①熊… Ⅲ．①高等教育－教育管理－信息化－研究－中国 Ⅳ．①G649.2

中国国家版本馆CIP数据核字（2024）第079259号

高校教育信息化管理与教学应用

GAOXIAO JIAOYU XINXI HUA GUANLI YU JIAOXUE YINGYONG

著　　者	熊一心
出版策划	崔文辉
责任编辑	杨　蕊
封面设计	文　一
出　　版	吉林出版集团股份有限公司
	（长春市福祉大路5788号，邮政编码：130118）
发　　行	吉林出版集团译文图书经营有限公司
	（http://shop34896900.taobao.com）
电　　话	总编办：0431-81629909　营销部：0431-81629880/81629900
印　　刷	北京昌联印刷有限公司
开　　本	787mm×1092mm　1/16
字　　数	220千字
印　　张	14
版　　次	2024年5月第1版
印　　次	2024年5月第1次印刷
书　　号	ISBN 978-7-5731-4864-3
定　　价	83.00元

如发现印装质量问题，影响阅读，请与印刷厂联系调换。电话：010-82751067

前　言

在当今时代，信息技术得到了日新月异的发展，并且越来越多地融入各行各业的工作当中，高等教育也概莫能外。为了形成新型教育体系、转变教学理念、培养更加优质的人才，高校开始引入信息化技术进行校园管理工作。旨在优化高校教学质量，全面提升高校科研水平，提升对学生的服务质量，辅助高校运营管理，培养更多的优秀人才，提升高校的办学能力及核心竞争力，实现高校管理的现代化转变。

应用信息化技术手段对高等院校进行管理工作的建设和开展，能够促进学校本身的教育管理效果，提升学生的接受程度，促进学校、教师、学生三者之间的共同发展与成长。

由于高等教育是我国实施"科教兴国"战略的重要力量，也担负着培养社会主义事业的建设者和接班人的使命。因此，我国在进行教育改革时，必须高度重视高等教育改革。综观我国当前的高等教育改革，可以发现以计算机网络技术和通信技术为基础的信息技术在高等教育中的应用越来越广泛，促使高等教育资源、教学过程、教育管理等都呈现出鲜明的信息化趋势，使得高校越来越注重教师的信息化素养等。此外，教育信息化已成为衡量高等教育现代化的一个重要标志，因而可以断定在我国今后的高等教育改革中，教育信息化将是发展的趋势和主流。

目 录

第一章 高校教育信息化管理 …… 1
- 第一节 高校教育信息化的内涵 …… 1
- 第二节 高校教育管理信息化创新面临的挑战 …… 6
- 第三节 信息化发展对推进高校教育管理创新的现实意义 …… 8
- 第四节 信息化发展推动高校教育管理创新的策略 …… 30
- 第五节 信息化思维下高校学生管理面对的机遇和挑战 …… 39

第二章 教育信息化背景下高校教学管理机制的构建 …… 48
- 第一节 高校教学管理信息化的发展趋势 …… 48
- 第二节 构建教学管理信息化新模式 …… 76
- 第三节 教育信息化背景下高校教学管理机制构建的路径 …… 87
- 第四节 新媒体环境下高校教学管理信息化的延伸发展 …… 98

第三章 教育信息化背景下高校学生事务管理机制的构建 …… 109
- 第一节 高校学生事务管理信息化的内涵 …… 109
- 第二节 信息化发展对高校学生事务管理的影响 …… 126
- 第三节 教育信息化背景下高校学生事务管理机制构建路径 …… 133

第四章 教育信息化背景下高校人力资源管理机制的构建 …… 150
- 第一节 高校人力资源管理信息化的内涵 …… 150
- 第二节 高校人力资源管理信息化的一般实施过程 …… 165
- 第三节 教育信息化背景下高校人力资源管理机制构建路径 …… 173

第五章　信息技术在高校教育教学实践中的应用 …………… 179
　　第一节　网络资源在教学中的应用 …………………………… 179
　　第二节　视听觉媒体的特性与教学应用 ……………………… 188
　　第三节　远程教育中的自主学习与学习支持 ………………… 193
　　第四节　翻转课堂的特征、意义与实施 ……………………… 205
参考文献 ………………………………………………………… 216

第一章 高校教育信息化管理

第一节 高校教育信息化的内涵

一、教育信息化内涵释义

(一)教育信息化的概念

总体而言,教育信息化是一种持续进化的过程,与"教育现代化"相比,二者均代表着教育发展的具体阶段。教育信息化不仅是一个重大的建设计划,还包括了农村远程教育工程、校园网络互通、三通两平台等多个方面。教育信息化行业经历了前期的基础设施建设和市场推广阶段,目前已进入蓬勃发展阶段。在学前教育、中学教育、高等教育以及成人教育等各个领域,每个受众都需要适应教育体制的转型,掌握新的教育理念和方法,从而全面提升教育素质。

当前,教育信息化行业迫切需要具备专业技能的人才来填补空缺,但实际进入门槛并不高,并且已建立起完整的教育培训体系。教育信息化涵盖的范围非常广泛,其核心价值在于如何利用数字技术辅助教师提升授课技能。因此,教师需要积极转变教学观念,熟悉运用各种信息化教学工具和优质课程资源,积极参加各类教研活动,例如基于课题研究的翻转课堂等。

（二）教育信息化的目的

教育信息化的主要目标是利用信息网络和相关技术提升教育质量，应对当前面临的共同挑战。根据各国尤其是发达国家在教育信息化方面的实践，可以大致归纳出以下四个主要目标：

1. 教育信息化的功利价值

教育信息化的目标是综合考虑技术能力以及所涉及的社会、政治、道德、组织和经济等多方面因素，为未来的社会发展储备所需的资源。通过使学习者熟练掌握通信和信息技术，培养广博的知识和灵活应变的能力，以适应未来科技的迅猛变化。

2. 教育信息化的社会意义

教育信息化鼓励学习者发展适应信息化环境的社交技能，以便在协同教学、协作学习和交流中更好地融入社会。它还致力于确保所有学习者享有公平的学习机会，为解决学习和职业生涯中的各种问题提供更多的机会，从而提高效率和效益。

3. 教育信息化的文化使命

教育信息化致力于帮助学习者深入了解丰富的文化底蕴，全面了解自己民族文化的方方面面，提高信息素养和文化认同感，培养他们成为具有全球视野的有识之士。

4. 教育信息化的个体目标

教育信息化激励学习者发展关键的个人能力，逐渐摆脱对学习环境的依赖。它还帮助发掘学习者的潜力，使他们掌握更多的知识和信息，并引导他们专注于高阶认知任务。此外，教育信息化还致力于解决特殊困境学生在学校和社会中融合的难题，锻炼他们独立生活和培养兴趣爱好的能力。

（三）教育信息化的内容

教育信息化涵盖了信息科技对教育领域的深度渗透和广泛应用，其核心元素主要包括以下三个方面：

1. 营造良好的信息环境

优越的教学环境在塑造学生行为方式、承载、操作和共享教学信息方面发挥着至关重要的作用。这一环境的建设需要科研团队对各类教育支援体系和教育设施进行有效的管控。通过不断提升教育信息化建设水平，可以创造出更加适宜的学习氛围和条件。

2. 打造资源管理体系

优质的资源管理体系对资源的筛选、整理和归类效率具有重要影响。教育领域的资源应当建立在数字化的基础之上，以便更好地应用于教学活动。与环境建设相比，资源在教育领域的运用更为直接有效，因此资源开发与管理的持续升级应贯穿整个教育流程，以不断提升教学质量和效率。

3. 培育专业人才

教育信息化技术的发展旨在推动优质教育，培养创新型人才。自21世纪以来，熟练掌握信息技术已经成为人力资源的基本要求之一。教育信息化应当使所有学生都具备基本的信息技能，从而提升全国整体信息化水平，为国家信息化提供坚实基础和有力支撑。因此，教育与信息技术需要培养大量的信息技术专才，为社会各个领域提供全面的信息服务，这是教育信息化的重要组成部分。

（四）教育信息化的意义

教育信息化已经成为推动教育现代化进程以及提升国民素养的重要手段之一，其重要性从以下几个方面得以印证：

1. 为教育现代化奠定坚实基础

教育信息化是教育现代化的核心要素之一，也是迈向现代教育体系的关键前置步骤。如果不足够关注教育信息化建设，教育现代化的进度可能会受到严重阻碍或停滞不前。因此，教育信息化对于推动教育事业朝向现代化具有举足轻重的作用。

2. 助推国民综合素质提升

教育信息化使得人们摆脱了传统教育模式下时间和地域的限制，不再局限于特定的场合和时间进行学习。这为国民提供了更广阔的学习途径，弘扬了"学无止境"的理念，进一步推进了教育的公平化和优质资源的共享，确保各个区域的人民都能享受到同等优质的教育服务。

3. 培育创新型人才的沃土

教育信息化开启了教育与科技深度融合的大门，将科技创新引入现代教育系统。随着科技的不断发展，教育也将迎来飞速发展，为创新型人才提供更适宜的学习环境，节省整合资源的时间，提高工作效率和问题解决的能力，因此对创新型人才的培养至关重要。

4. 推进教育理论创新

教育信息化不仅是教育发展历程中的重大变革，也是信息技术在教育领域广泛应用的过程。在这个过程中遇到的挑战推动着教育理论的不断更新和迭代。例如，利用大数据科学研究方法探索学籍管理等领域就是一个典型例子。

5. 助力教育信息化产业持续高速发展

信息技术的广泛应用为教育行业带来了极大的便利，也推动了教育科技企业的蓬勃发展。目前，全国许多学校已经全面引入教育信息化平台，为我国信息产业以及整个国家的经济发展注入了源源不断的活力，同时也为广阔的市场机遇带来了推动力。

二、教育信息化对高校管理的作用

随着我国教育现代化进程的加速，传统的高校教学管理已经难以跟上时代的步伐，因此，教育信息化管理逐渐走入人们的视野并受到广泛关注。在这一背景下，深入探讨教育信息化在高校管理中的作用具有重要的现实意义。

（一）提升高校管理效率

传统的高校管理模式采用较为封闭的行政手段及依赖人力操作，然而，随着我国经济与社会的快速发展，科技实力显著增强，促使我国高校积极推行教育信息化，寻求突破性变革。传统管理面临着信息反馈滞后、出错频繁、信息偏差较大等难题，基于此，教育信息化有力地提升了高校管理效能，并为那些复杂的传统管理无法应对的信息提供了有效解决方案。借助信息化手段，管理系统得以建立，从而全面改善了高校管理的各个环节。例如，图书馆管理可通过该系统实现快捷查询和借阅，而网络化的即时通信功能则进一步提升了高校管理的效能。

（二）提升教学应变能力

教育信息化对高校教学也带来了深远影响，其显著提高了高校的教学动态反应能力。面对日益严峻的社会就业压力，高校必须依靠创新的教学管理方法来提升学生的综合素养，确保学生在竞争激烈的社会环境中有所作为。为达成此目标，高校需要对自身的教学管理体系进行优化，并借助教育信息化手段对社会发展趋势做出准确预判，从而迅速调整教学策略。得益于信息化技术的运用，高校得以在海量数据的支持下进行前瞻性的社会发展预测，为自身发展注入活力。当前，学分制已成为主导的教学管理模式，良好的信息化教学管理系统能够针对这些模式提供高效的管理服务，有效提高管理质量和效率。

综上所述，教育信息化对高校管理产生了革命性的推动作用，显著提升了教学质量。在此背景下，高校应加大力度推广教育信息化的高校管理方法，以此为契机，提升自身的教学管理水平，培养与社会发展需求相匹配的优秀人才。

第二节　高校教育管理信息化创新面临的挑战

一、教育管理信息缺乏实证性

现代信息科技的发展使得信息来源变得更加广泛和可获取，然而，在教育管理领域，人们对调查数据的重视程度有所降低。一些管理者习惯于便利快捷地采用互联网信息，而忽视了翔实地实地调研的重要性。在当前信息技术水平下，我们所能获取的信息往往局限于"何时""何地""何事"等"硬性信息"。然而，如果我们只满足于现状的表面信息，而无法从中挖掘出深思熟虑、有效应对的策略，这种情况显然并不理想。因此，在现代信息技术的背景下，如何实现信息与实践的紧密结合，成为教育管理领域亟待关注的课题。

二、信息安全与保密是教育管理信息中的重大问题

教育管理信息主要包括教师、学生、课程、学籍、教材、教学、教学网站等内容，构成了教育管理体系的重要支撑。基于现代信息技术，尤其是教育管理系统的开放式运行模式，人员流动频繁，功能丰富多样，这无疑加大了信息泄露和安全风险。信息安全问题已经渗透到教育管理系统的日常运维和业务操作的各个方面。尽管访问控制机制逐渐完善，权限配置相对严谨，但黑客的侵袭以及计算机病毒对系统的破坏力仍然不容忽视。一旦系统陷入崩溃，整个学校的教学秩序必将受到严重影响，而造成的损失也将无法估量。

三、教育管理信息的零散及不对称问题

随着信息时代的深入发展,信息过载已成为不容忽视的挑战。电子媒介所带来的文化特性使我们面临着文化碎片化的困境。先进的信息技术使得数字化信息获取变得轻而易举。然而,大量信息使得教育管理人员在筛选过程中容易迷失方向,尤其在处理模糊内容和混淆视听的信息时更为困难,这可能会影响管理决策的制定。这样的现状使得新的信息匮乏问题显得尤为突出。

信息不对称理论,最初由诺贝尔经济学奖得主詹姆斯·莫里斯和威廉·维克瑞于1996年提出,强调了信息在经济活动中的重要性。该理论指出,信息的不完全分享将导致交易方拥有不同的信息,形成不对称情况,进而影响经济活动。尽管信息不对称理论最初源于经济学领域,但近年来,它的独特视角逐渐被引入教育领域。

在教育行业中,高等教育机构在履行其职责时,包括与学生、教师以及师生之间的互动,同样受到信息不对称问题的困扰,特别是在教育管理环节。涉及教学管理信息时,学生和教师所需的信息回馈方式和资源有所不同,这影响了信息的受众范围,也使得教育的公平性无法得到保障。以学生为例,他们对教师的教学质量评估可能会受诸多因素的影响,从而缺乏客观性。这种评价方式不仅不能激励优秀教师,反而可能助长不良教师的懒惰,导致教学质量评价失去效力。

四、教育管理人员总的素质水平很可能降低

信息技术的限制与垄断破坏了信息原本的系统性、规则性和程序性。对信息技术的过度依赖将削弱教育管理人员独立探索问题的能力,并可能导致对现实世界的疏离。这种行为模式可能会对教育管理人员的综合素质提高产生负面影响。

第三节 信息化发展对推进高校教育管理创新的现实意义

一、实现教育"四种效应"

在全球信息化浪潮的推动下,我国教育信息化建设正以惊人的速度向前发展。自兴起至今,这种革新浪潮已经历时多年。尽管近年来,我国已逐渐积聚起大量教育数据资源,然而,在这方面还存在着诸多亟待解决的问题,具体表现在以下几个主要方面:

1.数据采集方式过于单一且渠道有限,大部分数据皆由教育管理系统产生。

2.数据整合度不高,数据分割与零散式分布情况严重,常常忽视数据间的内在联系。例如,教育视频等具有极高利用价值的教育信息资源在教育事业发展过程中并未得到充分利用,导致人们难以获得便捷、经济实惠的多元化教学资源,从而无法满足人们个体化学习需求的及时满足。

3.数据质量以及可用性价值相对偏低。随着数据数量迅猛膨胀,在进行数据处理与利用过程中面临着巨大挑战。尽管数据量大幅度增加,但繁多的数据却反过来降低了其实际可用性。

4.尚无建立健全的数据平台。鉴于教育数据资料爆炸性增长,深度发掘并提炼其潜在价值,必须依靠优良完备的数据平台,提供全面优质的数据服务。然而,目前尚未能够构建这样一套完善的数据平台。

教育事业的蓬勃发展和持续进步离不开大数据的强大支撑,而大数据在教育行业进步中的应用亦在不断广泛深化。在实际工作中,我们应该注重发挥大数据所蕴含的四种效果,包括:

（1）洞察效果

大数据分析技术可以帮助教育管理者深入洞察学生、教师和教学活动的各种趋势和模式，从而更准确地把握教育管理的发展方向和重点。

（2）预测效果

基于大数据的分析和预测模型，可以对教育趋势、学生表现和教学效果进行预测，为教育管理者提供科学依据和决策支持。

（3）优化效果

大数据技术可以帮助教育管理者优化教学资源配置、课程设置和教学方法，提高教学质量和效率。

（4）创新效果

大数据分析可以激发教育管理者的创新意识，促进教育管理理念和模式的创新，推动教育事业不断向前发展。

（一）大数据对教育的整合效应

以推动智慧教育的长远发展为目标，致力于构筑稳固而强大的智慧教育生态机制，绝非仅停留在开发信息系统的狭隘视野之内，更为重要的是深入洞察并利用整个系统内部的所有内容及其所包含的丰富数据。在当今大数据时代的浪潮中，数据价值相较于系统价值的重要性已经逐渐显露出来。在此信息化领域内，广为人知且被广泛接受的原则是3分技术、7分管理以及更重要的12分数据。若从核心价值观角度出发对大数据加以审视，则可简洁明晰地归纳为"开放"二字。通过大数据的深度研究模式，我们得以理解事物发展的客观规律，此过程离不开翔实而广泛的数据支持，倘若缺乏足够满足这些需求的数据基础，我们便难以寻找并揭示出这些深度的客观规律。那么，如何实现数据共享与开放？如何赋予数据新的意义？这些在当前大数据的发展进程中备受关注的现实问题，无疑也是我们必须面对与攻克的难关。

时至今日，虽然在众多行业和领域中，绝大多数的数据都未曾具备开放性特征，数据资料往往掌握在各类行业参与者的手中，他们却往往不愿把手中持有的宝贵数据免费赠予他人。现如今，教育这一领域正因大数据时代的到来，各类教育机构和实体纷纷展示出其独特的数据资源优势，而在早期阶段，教育数据几乎被少数几个大型教育机构完全垄断。然而，随着时间的推移，特别是在信息科技飞速发展的推动下，各式教育课程与平台的开放范围越发广泛，由此产生出大量优质且精细的教育信息与数据。如果能成功实现这些数据间的有意识关联性与互动性，势必会孕育出具有更高价值的数据信息，从而源源不断地充实并完善教育数据库，展现出整合与规模效应的魅力，即 1+1＞2 的效应。因此，站在这个高度来观察，大数据对教育的重要性不言而喻，它在某种程度上实现了数据数量的增益。

大数据拥有各异于其他的关联分析能力，正是借由这份突出的优势，使得各种数据间原本泾渭分明的行业界线得到明显消解，各个行业的数据也因此得以有机地互相联系在一起。例如，大数据能够有效地连接学校周边的交通情况与学生日常出行数据，实现对校园周边红绿灯的智能监控；又或者将学区内每户居民的住房信息与学校师资团队整体素质以及学生相关数据资料紧密关联在一起，从而更加精准与合理地分配学区内的教师资源，为教育资源的优化配置创造良好条件，共同推进择校问题的有效解决。正是凭借这种紧密关联性的支持，教育大数据极大地扩充了教育规模，实现多领域与行业数据之间的全方位相互交流与合作；同时也成功地解决了传统方法无法处理的综合性复杂问题，大幅度减轻了数据孤岛现象，使许多看似无足轻重的数据展现出前所未有的独特价值。

（二）大数据对教育的降噪效应

依据相关权威资料的过往统计成果，我们发现全球范围内的各类数据正以惊人的每年 50% 速度持续攀升，同时其类型结构也越发多样化。然而，面对如此大规模的数据堆积，往往蕴含着诸多噪声成分，从而导致数据整体质量严重下滑。因此，在此之前，让我们先来了解下什么叫作"数据噪声"。

数据噪声，是指那些用来衡量某个变量的随机误差或者方差。数据的迅猛增长并不能代表我们在解析和洞悉方面所具备的能力能够与数据增长保持同步，大部分的数据其实都只是富含噪声的无用数据，而且噪声增长的速度比有用的信号还要迅速得多。此外，还存在着大量亟须验证的假设以及大量需要深入剖析发掘的数据资料等待我们去解决。

那么如何才能有效减弱数据中的噪声成分，提升数据的整体质量及其使用价值呢？这无疑是当前大数据技术变革发展过程中所面临的一项重要挑战，也是我国教育事业快速发展中必须要面对的棘手问题。

当前，我国的教育事业正处于高速发展阶段，教育信息化水平亦在不断提速，尤其是在信息科技广泛且深度地融入教育的各个环节中时，教育环境、模式、手段等多方面都发生了剧烈变动，产生了大量的教育数据。然而，值得注意的是，尽管每天都会产出大量的教育数据，其中却仅有部分具有实际价值和实用功能，其余大部分都充满了错误的数据和不恰当的资源，这些都会直接干扰到教育决策的制订，乃至对教育发展趋势研究所得到的结论产生严重误导。

因此，无论哪一所学校，都拥有极其丰富和庞大的教学资源和教学数据，但真正能够在课堂教学中得到高效应用的简直屈指可数，而且这些资源并非固定不变，而是随着教学内容的更新而不断地进行迭代升级。因此，我们需要借助大数据技术来进行数据处理，简而言之就是整合现有的所有数据，彻底消除虚假的数据和资源，从而获取真实可靠的实时数据信息，进一步得出符合现实情况的正确结果。

在深刻认识大数据对于教育事业的巨大推动力的基础之上，我们应当针对不同教育主体、系统、环境所产生的海量数据展开细致的整理和研究，充分激发有价值信息的潜能,消除虚假数据,尽最大化发挥大数据的"减法"作用,努力减轻数据噪声所带来的困扰。

(三)大数据对教育的倍增效应

随着长期的沉淀积累,尤其是在教育行业日益紧迫的改革需要的推动下,我们观察到教育数据积累规模呈现极为迅速的增长趋势。然而,为何仅仅在近些年时间内,特别是在大数据迅猛发展的环境之下,我们才得以见证智慧教育的飞速崛起呢?其关键原因在于,大数据能够唤醒沉睡未被运用的大量数据,将原本封闭僵化的静态数据转变为充满活力的动态数据,从而孵化出巨大的教育数据倍增效应。

1. 大数据有力地打破了传统教育的桎梏,使得诸如教学改革困难、选择适合自己的学校等棘手问题迎刃而解。数据驱动决策与流程的全新模式已经在全国范围内的教育行业得到广泛应用。

2. 大数据为教育事业注入了新的生命力,同时也点燃了实践创新的希望之火,驱动了教育产业的全面升级换代,诱发了教育教学模式的深刻变革,并且进一步推进了教育科技的不断进步,这些均为教育事业的转型修订带来了极大的便利。一些创新型新锐企业以教育数据为基石,推出了具有高度针对性和实效性的教育解决方案,推动了大数据的商业化和产业化进程,并在整个教育领域掀起了创业创新的浪潮以及产业革命。大数据孕育了众多教育应用程序,刺激了大量在线课程细分市场的兴起。在这项研究中,我们发现大数据在教育发展过程中扮演着贵阳倍增效应中的乘数角色。

回顾至20世纪90年代,我国已开始全力投注于教育信息化建设的重大任务。尽管在漫长的发展历程中收获了一些显著成果,但显然仍存在不足之处。根本原因在于,尚未深入挖掘并合理运用教育信息化背后那些蕴藏着丰富数据信息的宝贵资源,无法使这些无价之宝发挥出最大限度的应用价值。此外，教育信息化在优化教育决策和提升教学质量等方面所产生的积极效益未能得到强化也是另一个重要原因所在。教育机构如教育部门与各大小学等，已经建立起包括学位、学籍、教务管理在内的多项专用系统，积累了丰富的教育数据信息。然而，令人遗憾的是这些宝贵的数据大部分始终处于休眠状态，未得到充分利用。通过运用大数据技术，深入剖析之前收集的大量数据资料，便能更精准地把握就业前景看好的专业方向、辍学率较高的地区分布情况、教师负担过重的课程项目等多维度的情况。进而精调课程设置，创新并实施针对性极强的入学援助政策，提高教育决策的科学性和实效性。例如，位于美国的亚利桑那州公立大学就非常重视运用先进的大数据分析技术来提升学生的数学学习水平。再如，Knewton 在线教育服务系统得益于掌握大数据技术，得以精确了解学生的优点与短板，为每个学生提供私人定制式的学习计划。经过连续两个学期的应用和调整，该系统成功令大学辍学率显著降低，进而使得学生的毕业率由原先的64%攀升到了超过75%。

（四）大数据对教育的破除效应

由于标准体系尚在建设之中且缺乏强有力的信息化统筹推进机制等诸多复杂原因所致，目前我国各地各级各类教育机构的信息系统在数据规范化以及接口标准等方面仍然未能达到协调一致的最佳状态，尚未能实现信息共享的顺畅无阻，进而导致信息孤岛现象越发显著，其中数据资料之间的差异相较之前更为明显。为了从根本上改变并缓解这一现状，我们应充分重视并善用大数据的强大力量，借助大数据作为坚实的支撑，努力消除教育行业内外部存在的显著信息孤岛问题，打破数据之间的壁垒，将各种类型的数据资料进行集中整合，确保各部门的教育数据能够实现高度的相互连接和互通，从而推动智慧教育的快速发展，同时也能为智慧城市的建设贡献出重要力量。举例来说，学校系统可以与其所在地区的公安系统建立起紧密联系，运用流动人口数据分析的手段，精确地预测出学生人数及相关特性，同时有效解决教育资源分配失衡等一系列问题，早早发出预警并采取干预措施，给广大学生家长提供更优质的教育选择。

通过深入剖析大数据的生成及发展规律，我们可以发现，大数据的成长历程几乎可以说是一部逐渐进化的历史。从其诞生之日起到现在，已经发展到了相对较为成熟的阶段，历经技术创新、能力提升、理念变革和时代变迁。随着公众对大数据的认知度日渐提高及其广泛使用情况的出现，必然会引发格局调整以及使用习惯的改变。因此，在教育事业迈向更高峰的道路上，加大力度推广大数据技术将产生深远而重大的影响。这种影响将历时良久，涉及方方面面，从观念的革新开始，直到实际应用能力的提升，都必须经过长时间的磨砺。在大数据技术刚开始运用于教育事业的初期，它仅被视作一种信息化工具。然而，借助大数据技术改变传统教育模式、提高教学效果、推动教育向着个性定制化和智能型方向前行已成为主流趋势。显然，大数据的应用正在向着纵深化方向稳步前进，越来越多的教育工作者开始明白大数据实际上是一种能够破解众多传统教育难题的全新力量。当整个社会对大数据给予肯定，数据资产理念被全球普遍接受，人们意识到大数据与教育深度融合后能够带来巨大的社会效益时，通过对教育资源的精细整合，资源聚集效应便会显现出来。最终，在全体教育从业人员之间营造出数据文化氛围，全面融入数据治理的核心理念时，我们就能够构建出一个别具可持续发展特色的优质教育生态系统。

二、破解教育"六大难题"

大数据应运而生，作为推动教育事业发展的重要工具，它不仅能颠覆传统教育观念的束缚，还能借力新兴科技，推动教育体系的全面革新，使得长期以来在传统教育中无法得到妥善解决的诸多问题得以彻底消解。

（一）破解教育资源不均衡难题，实现教育普惠化

得益于大数据对教育领域的扶持，教育的公正性和公益性得到了显著提升。教育的普遍公益性是教育事业改革发展的一个重要追求。"普"意味着每个人都有平等接受优质教育的机会，而"惠"则表现为降低教育的经济负担。通过将大数据引入教育领域，有利于推动各地区域教育资源迈向共建共享的道路，加大高品质教育资源的普及力度，实现教育资源的普遍公益性目标，从而进一步落实教育公平原则的实施。

1. 协同推动各地教育资源的共建共享，努力降低重复投入和资源浪费现象

回顾过去，在构建数字化校园的过程中，我们曾遭遇过众多的信息孤立和数字鸿沟问题。然而，随着时代的变迁，云计算为教育信息化的飞速发展带来了新的思考方式。采用集约化建设的模式，将大大有助于教育资源的汇集、存储以及共享使用，并且对区域性教育大数据体系的建立和发展起着重大推动作用。教育大数据将帮助区域性教育资源实现共享共建，这些资源具有高度集成化，且质量优异的特点，能够大幅度降低教育资源重复建设的可能性以及资源浪费问题。

当前，我国正在积极致力于打造国家级的教育管理公共服务平台和全国级教育资源公共服务平台这两大综合性平台。它们的建设宗旨在于整合教育管理和教学支持系统中的海量数据资料和信息资源，构建能够推动教育教学发展、优化教育管理功能的教育大数据体系。前者吸纳完全一事一人、一地一校的理念，全方位采集全国范围内师生和学校的动态数据资料。后者通过资源搜集、聚集、共建、捐赠等多种途径，使教育教学资源数据融汇成一个庞大的体系。这些在大平台建设过程中所获取的数据资源将成为指引教育事业发展前进方向的导航器，成为驱动智能教育发展以及教育政策制定的基础。同时，决策科学化程度的提高亦将进一步降低教育成本。

2. 我们应持续强化优质教育资源的广泛覆盖，以期有效缩减地区间的教育水准差异

（1）我们应该认识到，远程教育和同步教学法等教育技术的兴起，将推动教育信息化水平的不断提高，同时有助于提升教育的普及率，逐渐弥补当前各地域、各学校以及城乡之间教育资源配置的悬殊状况。

（2）我们应努力建立一个高度集成的教育数据资源仓库，以减小教师和学校之间在资源获取方面的差距。我国已将搭建教育管理公共服务平台视为未来一段时间内教育管理信息化建设的核心任务之一，致力于推进教师、学生和学校这三大基础数据库的建设工作。将师生每人一个编号以及每个学校拥有唯一标识码推广至全国范围，并为广大师生以及各所学校构建起全国仅有的电子档案库。当上述档案资料建设完成时，它们能有效地整合国家教育数据资源。对经由这些数据整合而成的资料进行全面细致的分析和研究，我们就能实时监控教师岗位流动性、转岗状况，追踪学生的转学、升学等一系列过程，使长期以来教师资源分配不公、重点学校分布漏洞百出等问题得到显著缓解，逐步缩小各地区教育投入成本的差距。

（3）随着智能手机、平板电脑等现代科技产品的大规模生产和广泛使用，加上各类在线学习平台的深度运用，免费教育资源的开放性得以明显改善，使网络学习无论在经济负担还是进入难度上都大大降低。广大学习者能根据自身特点及需求选择适合的在线学习课程，突破时空限制，跨越年龄界限，享有即时采集信息、获取知识的便利。有效避免了教育资源的浪费，为实现教育公平提供了强有力的支持。

（二）破解教育方式单调化难题，助推教育个性化

借助大数据这一现代尖端科技，我们怀抱着将发展个性化教育的宏伟目标转化为实际行动的信心。展望后信息时代的发展趋势，我们不难发现信息的个性化程度将会持续加剧，而同时信息细分的能力也将大幅度强化

提升。相比于传统教育环境下的学生群体，大数据时代接收信息的个体将显得更为精细和真实。在这种新的教育环境中，各类数据信息服务都是以满足个体需求作为出发点进行定制化的量身打造，其针对性极强，进而使得教育服务得以达到更为精确的定位，从而确保最终的服务效果得到保证。

纵观未来教育前景，我们可以预见智慧教育将成为主流，为构建一个人人接受优质教育、每个人都能在适合自己的学习道路上前行的美好蓝图打下坚实的基础。每一位学习者都将拥有属于自己的个性化学习模型。除了能够根据自身需求来自由选择学习方式和授课内容外，他们还可以依据个人兴趣爱好、职业发展规划等因素精挑细选、构建出与自身特性相符的独特课程体系。无须担心所接收到的课程来自何处，因为这些课程都是根据他们的特定需求精心编排的。学生可以充分利用信息技术所带来的时空穿越及无视空间纬度等优势，尽享高级别的个性化服务，从而确保教育质量的全面提升。

此外，我们也期待着高等教育改革的基本模式能够逐渐明朗并形成稳定形态，而学生的主体地位在学习过程中的体现则更需要加强，因此对个性化学习和教育的需求也将会变得越发迫切。

1. 大数据推动个性化教学模式的创新

运用大数据手段，教师得以根据每个学生的身心发展特点以及个体学习需求，有目的地筛选适宜的教育材料。教育的核心精神在于依据学生的独特情况进行个别指导，然而在历史长河中的教育改革进程中，始终未能切实落实这一方针。随着大数据技术的引进和普及，为实现"因材施教"的目标打下了稳固的基石。借助大数据工具，我们可以详细跟踪记录学生的学习历程和表现，深入解析学生的相关数据资料以获取他们在学习方式、兴趣爱好、喜好倾向等多维度的信息，老师仅需使用电脑或者手机就能清楚且精准地洞察每一个学生。

将大数据广泛而深入地运用于教育事业发展过程中，不仅有利于教师掌握学生在在线学习环境下遇到难题的位置、花费大量时间的环节、反复访问的网页、偏爱的学习技巧以及取得最佳学习成果的时间段等重要信息，更有助于教师全面地理解学习者，进一步提升了解的深度和精度。无论是身为教师的你、学校的管理层，抑或是学生的家长，皆能借助大数据获得丰富且有价值的信息，以确保教学决策的科学性和有效性。

教师通过研究和分析学生的学习全貌，在未开始正式授课之前便能准确把握教学的关键所在，进而有针对性的规划教案，积累宝贵的教学经验，在减轻教学压力的同时也节省了时间和资金投入。例如，美国加利福尼亚州的马鞍山学院研发了专门针对学生选课问题的SHERPA系统，该系统便是围绕学生的个人兴趣爱好为其推荐合适的课程，人为划定合适的上课时间段和可供选择的课程节次。此等功能既帮助专家解决了学生的选课难题，又深化了学生对所学专业课程的认识，使得学生得以切实结合个人实际，挑选出与各自最匹配的课程。同时，大数据智能分析还为广大教师及负责课程设计的相关团队提供了海量的反馈信息，使得他们得以有针对性地调整和创新教学教材内容。

2. 利用大数据实现个性化学习推动

大数据技术的应用着重于让学生能够轻松地找到并了解自身在学习过程中所需要以及感兴趣的内容资讯。例如，位于得克萨斯州奥斯汀市的佩伊州立大学所创建的导航系统，该系统能够为广泛的学生提供高度个性的课程推荐服务，使得学生不但可以深入理解与他们最匹配的专业领域，同时还可以优先选择那些能够充分发挥各自才华的课程。在这个推荐过程中，提供的选课建议并不只是去探求学生的喜好，更多的是考虑哪些课程更有利于学生成绩优秀的学习计划，如何设置课表才能够让学生获得最大化的学习成果等问题。此外，这种方法也为学生的咨询导师及系主任提供了大量的数据支持，使得他们得以利用丰富的调查结果来进行深入的调整或课程控制，从而提高教育和教学的质量水平。随着该系统逐渐强化和进行改善，它还有能力在学生选择专业领域的过程中提供全方位的支持与协助。

在线教育企业 Knewton 创建于 2008 年的纽约，其主要的发展目标就是为世界各地的学校、全球学习者以及各类出版社提供预测分析以及个性化推荐服务体验。该公司所提供的核心产品为在线学习工具，在此基础上，每一款工具都能够充分满足学习者的个性化需求。同时，该公司也加强与出版社的深度沟通与合作，通过对各种教育资源进行优化整合与协调互动，使得不同类型的课程资料进行了全面的数字化重建，从而大幅度地扩大了全球学生的覆盖范围。该公司的核心技术是适应性学习技术，该技术包括信息收集、预测推理以及建议生成等多个模块，以期充分了解学习者的个性化需求并提供相应的协助与建议。在收集数据时，会对学习者的学习内容系统中的差异化概念关联进行构建，将学习目标、类别以及学生互动有效整合起来，然后根据这些详细信息，通过模型运算引擎等进行后续的数据处理、分析以及应用。接下来在预测推理阶段，该公司会借助简单的心态测试、战略与反馈引擎等手段来研究已经取得的数据材料，并根据研究所得的结果，以建议的形式分享给学习者，以满足他们的个性化学习需求。

3. 大数据驱动个性化的交互模式

大数据作为一项独特的技术，具有大量数据的横跨整合、流动与寻找等优势，能够让原本分散且无序的各式辐射在线下的教学资源重新组织成一个积极综合的网络，彻底打破传统的落后的教学格局，形成极具个性的互动模式，为广大教师与家长提供一个更加精确、实效的互动平台。这种精确而平衡的互动模式之所以能够实现，正是因为以精确的、学习目标为支撑，并依赖现代信息技术提供的个性化学习资源与测试体系作为辅助，使得学习速度与质量均能够得到有效的评估与准确衡量。一对一的精确互动，将大大增强教师、学生以及家长等各方联系的准确程度，同时也能使学生的个人化学习需求得到持续不断的满足，实现优化异地上线的互动方式与情感关爱，降低学生的学习压力与负担，节省时间成本，提升学习效率与成果。

（三）破解教育信息隐形化难题，促进教育可量化

先前的教育信息常呈现模糊不清的特性，无法进行多样化的信息处理。然而，随着大数据技术的迅速崛起并被广泛应用，质疑的教育信息状况发生了翻天覆地的变化，使得教育数据信息得以转化成可用的数值形式进行处理。这一切源于现代计算机科技的迅猛发展，大量数据库的标准化建设，使得人们在现实生活各类活动的点滴痕迹被完整记录下来。这种精细而详尽的数据记录，为社会科学的定量分析提供了前所未有的数据支持。正因如此，可以更为精确地测定和计算，社会科学不再只是梦想，可以真正迈进科学的殿堂，如政治学逐渐转变为严谨的科学。教育作为社会科学的重要组成部分，也将受益于数据科学的发展，朝向更加可衡量的方向前进。

为何大数据技术能加速智慧教育的发展呢？原因在于信息化基础设施和信息化技术发挥着至关重要的作用，同时广大的信息化新技术也在全球范围内得到人们的推崇和认可。这些现代化的关键技术使得教育事业建设积累了丰富的教育数据，推动了教育的智能化高级阶段形成，而非仅仅停留在浅显的层面。把信息化技术提高至一个有效的评价维度，以前单纯依赖教师个人经验才能确定的诸如学生学习兴趣及挑战之处之类的问题，现在只需利用学习软件便可轻易获取。这种业务可计量在教育过程中的实现主要体现在以下几个方面：教学流程、校园管理和教学评估。例如，教育质量评估，大数据技术引入和广泛的应用从原本只可能孤立地进行过程中的评价测量变为可行之事。在具体的教学环节，学生出席率、习题答案的正确率、师生之间交流的频率等数据，均可通过搜集、分类、整理、探究

等方式构建过程性教育质量评定标准。这些宝贵的信息对学校的运作乃至教育科研的发展都将起到巨大的推动作用。

基于大数据技术实现的量化改革下，个性化教育成为智慧教育最为显著的特点之一。通过捕捉学生的学习轨迹、活动轨迹，以及资源使用轨迹等多方面的信息，我们能更为精准预测，探索出学生的兴趣点，深度剖析他们的学习需求，进而为他们提供更具针对性的学习资源和服务。只有满足学生的学习需求，确保他们顺利达成预定的学习目标，学生在智慧学习的道路上才能走得更远。

（四）破解教育决策组放化难题，提升决策科学化

如何充分利用教育数据资源作为有力依据，以慎重制定符合教育发展趋势的教育政策，这是近年来教育界一直热衷探讨的话题。在教育发展历程中，传统的教育模式往往过于依赖经验或主观意识的判断，缺乏系统性的量化支持。目前，许多教育政策的诞生，仍然依赖于经验直觉或盲目追逐潮流，缺乏充足的数据来源作为支撑。例如，无论是早前的英语四、六级考试制度的变革，还是近期我国高考改革方案的推出，教育决策的实际操作性及其科学性已成为广大教育研究者和社会大众对教育发展状况的质疑焦点。随着教育数字化程度的日益提升，以及相应投资的增加，充分利用教育数字化为教育教学改革提供良好助力，增进学生综合素质的全面发展，完善教育管理机制，推进教师专业素质的提高，增强学校与社会各方面的沟通往来，这些要求已经不再是抽象的理论观念，而是需落实到实处，即通过有效的运用数据来制定更加理性的教育决策。在当今大数据环境背景下，数据驱动决策正逐渐成为提升教育决策效果的重要手段。换句话说，大数据已经深入参与到了教育决策制定的整个流程之中。这种以数据为导向的决策方法正是顺应信息技术革命和发展趋势的产物，具备极高的可行性和可操作性，并且是大数据时代进步的必然选择。

就实施可操作性的角度进行审视，目前大数据技术正不断走向成熟，而数据分析的便利程度大大提升，分析成本显著降低，相较过去明显有利于加深对各种业务的理解。过去的教育部门仅凭教育视频资源的下载次数、播放率等用户行为数据来进行教育分析，从而据此调整教育视频资源的部署，并对教师资源进行适当调配与规划。然而在大数据时代，原有的数据研究方法显然难以满足现实需要，越来越多的教育机构开始采取对用户访问路径进行追踪的策略，收集与用户行为相关的数据资源。特别值得关注的是，自从众多互联网巨头踏足在线教育市场以来，它们借助自身在技术实力上的优势，细致深入地解析在线教育视频的各类用户行为数据，并基于此进行教育资源的优化配置，创新教育产品，开创现代化的教育教学方法，以上所述均是数据驱动决策在教育领域的具体应用实例。

三、加速智慧教育生态体系的构建

（一）智慧教育生态体系的构成要素

在之前的讨论过程中，我们已经从多个维度，包括人工智能技术如何改变传统的教育模式、实现个性化学习、大规模评估以及改进课程设计等方面，详细阐述了大数据对教育界所产生的深远影响和启示。然而，我们需要看到的是，大数据在教育领域所展示出的重要贡献远远超过这些方面，尤其是在推动智能化的智慧教育生态体系的形成上具有至关重要的地位。

这种智慧教育生态体系以人类的教育活动为核心焦点，依托于大数据平台等相关技术的应用，并且嵌入智慧教育的发展理念，构建起具备双向价值传递特征、能够驱动教育自我循环与可持续性进步的多元化立体互动环境的体系框架。这个体系主要由以下五个核心要素组成，即多元的教育参与者、核心的教育活动、优越的教育环境、健全的教育机制以及相对成熟的教育产业。这五个核心元素之间具有紧密的相互依赖关系，既有各自独立运作的功能，又能够相辅相成协同发展。所有的智慧教育实践活动都是紧紧围绕着教育主体展开的，通过成熟的智慧教育产业来提供服务和产品上的支撑，促使优质的智慧教育环境和健全的智慧教育机制为教育活动提供制度性的坚实保障，从而助力推动智慧生态体系的建设与运行。最后，必将实现全面深度整合与共享教育资源，促进教育资源在深广度上的广泛分布与覆盖，使得全体公民能够平等地享有到高质量的教育资源支持。

进一步来看，多元教育主体主要涉及以教育管理者、教师、学生、家长和广大民众为主的主要参与群体；核心教育活动则涵盖了诸如智慧教学、智慧学习、智慧治理、智慧科研、智慧评估以及智慧服务等诸多实际内容；优良的教育环境主要体现在教育政策环境、市场环境及其背后所蕴含的社会文化背景上；教育机制的健全包括管理机制、运营机制、反馈机制等各方面的完善；成熟的教育产业则以丰富多样的教育产品和服务体系为基础，构筑起相对完整的教育产业链条。

（二）智慧教育生态体系的运行机制

在构建理想的智慧教育生态体系中，大数据扮演着不可或缺的角色。其所能发挥的作用与释放的价值与利益颇具广泛而深远的影响。大数据技术的融合与广泛应用将逐步催生大型教育平台的兴起，这些平台将汇聚各类教育数据，形成庞大的教育大数据平台。通过这样的平台，我们能够建立强大的服务体系，为广大用户提供丰富多样的教育服务。同时，大数据技术还能助力实现大教育的宏伟共同目标，使得各阶层群体的终身学习需求得到更为充分的满足。其中，大型教育平台为整个智慧教育生态体系的持续发展提供坚实基础，通过整合多元化的教育资源，支持优质资源的广泛分享与应用；庞大的服务体系则承担着推动智慧教育生态体系向前发展的重要责任，其构建的多元化教育产品及服务渠道为大众提供丰富且便捷的教育服务；最后，大教育的宏伟愿景则成为推动生态体系发展的根本目标，致力于满足人们终身学习需求的全面性愿景。

大平台系统应充分发挥大数据对教育的整合效益，将来自各个社会层面、各种类型的教育数据资源整合在一起，以便各类相关方能够便捷地获取互联互通的教育数据。同时，通过运用教育大数据的有效治理手段，构筑智慧教育服务平台，实现数据的开放、共享、交换等多元化运营机制，推动教育大数据的有效共享。此外，企业和教育机构可将这些数据资料作为重要的决策依据，为广大的教师、学生及家长提供更多样化的教育产品和服务。同时，教育行政管理部门可将这些资源作为制定教育政策的主要参考，实现对智慧教育行业的全方位监管，进而为大服务体系的建立奠定基础。

考虑到大服务体系在其运作中高度依赖大平台系统，我们应当围绕着智慧教学、学习、管理、科学研究、评估、服务等六个核心的教育环节展开服务工作，以全面覆盖各个层级的教育服务内容，并不断努力拓宽获取服务的途径，提供多样化的服务内容。这些教育产品和服务主要涵盖以下几个方面：为管理人员设计的教育管理系统，如学生学籍、教务等管理系统；为教师群体设计的教育资源数据库以及教学计划制订、备课、教研等实用性应用系统；为广大学生群体所需的学习资源和灵活多样的学习方式；以及面向家长的家校联动沟通系统等。这些应用系统每天都会产生大量的数据资源，这些资源将大大增加大平台系统的教育大数据更新频率。因此，通过数据接入、服务提供以及数字化升级等环节的不断循环，能够促使教育大平台系统与教育大服务体系达到和谐共生的效果，从而确保整个生态体系的可持续高质量发展。

大数据的愿景在于以大平台系统与大服务体系为支撑，构建全面、多维度、贯穿人生全程的智慧教育发展模式，充分整合各个阶段的教育资源，为每一个社会成员提供平等的受教育机会，构建完善的终身教育体系。

此外，构建智能化的教育生态系统还涉及诸多复杂因素，需要综合考虑多元化的理论知识及应用技能。这些因素包括但不限于教育环境塑造、教育体制机制调整以及教育产业结构规划等。在环境条件方面，政策环境的变革尤为重要。在全球范围内，地方政府和教育主管机构逐渐认识到网络信息技术对教育的影响，积极采纳云计算、大数据等技术手段，制定相应政策支持信息技术在教育中的应用，使得政策环境整体呈现出积极乐观态势。市场环境方面，人们对在线教育、远程教育等新兴领域前景看好，教育行业的信息化建设投资不断增加，在线教育市场规模逐步扩大。社会环境中，公众通过互联网和智能移动设备进行碎片式学习，社交网络为基础的集体学习活动逐渐成为趋势。

在智慧教育运行机制方面，数据资源协同推动成为核心，促进了在线和传统教育资源的整合。智慧教育、决策与反馈机制等方面也取得了突破性进展，大数据技术应用于教育决策过程中，得到了广泛认可。就智慧教育的产业基础而言，虽然智慧教育产业链尚未完全成型，但已初具雏形。然而，尽管整体态势乐观，仍存在一些问题需要解决，如顶层设计缺失、行业规范不完善等，这些问题成为制约智慧教育长远发展以及实现教育事业目标的重要瓶颈。

（三）大数据在智慧教育生态体系构建中的作用

1. 大数据凸显"大平台"系统的构筑效果显著

大数据技术在教育领域的广泛应用显著提高了教育数据的精细化和公开透明程度。这种数据资源的开放性提高，使得我们能够全面汇聚来自各种教育主体的丰富教育资源，并通过创新途径如交流分享等优化教育改革发展的宏观环境，引领整个教育事业朝着"大平台"的可持续革新方向发展。所谓的"开放"不仅包括政府、学校、科研机构等主导的狭义范畴内教育数据资源的对外开放，随着公开程度的增强，还将使教育政策环境得到显著改进，为大数据的深入应用提供政策保障。同时，更广义的层面上，包括企业、政府、教育机构乃至全体公民在内的渴望共享教育数据资源。借助这种全方位的开放，我们有能力有效优化教育发展所需的市场和社会基础设施。

大数据技术在教育领域的广泛推广和深度运用，不仅推动了教育信息的快速流通，最大限度地弥补了地区间的教育鸿沟，还有助于建立教育资源信息化平台，利用互联网进行多元资源数据整合与合理调配，实现优质资源的高效流动。这样的系统建设使得资源获取渠道得以拓宽，学习资源的价值不断提升。在这个日益壮大的教育资源信息平台上，人们能够接受源源不绝的教育资讯，从而建立更高层次且具有互通功能的新型教育环境。

得益于这一有力支撑，广大学习者有机会通过文字、视频、动画等多种形式获取知识、发展技能，广大教师也能够借助多样化的教育技术工具来优化教学管理，使课堂教学更富有人情味，更贴近学生个体的差异化需求。

（1）保持透明性原则至关重要。

①以"智能教育"为核心概念的教育平台对于使用者是完全开放的，这意味着用户有权根据自身需求自主决定是否上传或下载平台提供的资源；

②这种平台也向政府部门、各级学校、学生家长以及其他相关第三方机构敞开大门，通过全天候的开放模式激发广大参与者的热情，促使他们自觉获取高品质的教育资源，并积极投身于教育体系的构建过程，为教育活动的交流和互动贡献力量。

（2）有序整合特性同样至关重要。

这里所强调的整合特性主要体现在大数据对教育领域的整合和突破效应上。借助大数据技术，我们能实现网络与实体教育数据资源的有机整合，构建立体式的O2O教育产品生态圈。这个框架的设立，不仅推动在线和离线资源的广泛共享，维护教育公平，实现教育资源的均衡配置，还能让线上和线下教育资源互补、互通有无，提升学生学习效果和质量，并促进在线和离线教育成果的顺利转化，全面提升知识价值的影响力。通过O2O教育闭环系统，我们成功整合了线上与线下资源的优势，打破了教育数据的地域限制，实现了教育资源的突破效应。

特别在学校教育环节，数据已成为教学策略改进的重要指标。这些数据涉及考试成绩、入学比率、出勤情况、辍学率、升学率等方面。在课堂教学层面，数据能直观反映教育效果，如识字准确度、习题解答正确率、师生互动频次等。

2. 大数据加速"大服务"体系的构建

大数据助推"大服务"体系建设进程迅速推进，将教育事业发展转化为推动国家教育体制改革的巨大动力。在这一过程中，教育体制改革涉及多个重要方面，包括但不限于教育制度的革新、教学资源配置的优化、课程内容的合理安排以及人才培养策略的不断调整。政府部门已开始部分开放与基础教育相关的数据资源，并利用大数据技术深入挖掘历史数据信息，为优化教育决策、评估政策影响提供依据，全面提高国家教育体制改革的整体水平。

大数据的应用使得教育政策决策更加科学准确。随着现代化教育事业的发展，大数据观念已逐渐渗透并实际应用于教育政策的研究和实施阶段。将大数据引入科学化政策制定过程具有极大的优势，主要体现在以下两个方面：

（1）随着软硬件设施的更新换代，可分析的数据量大幅增加，无须过分依赖随机样本。

（2）人们更重视问题的整体趋势，而非特定现象的细节精度。大数据的支持使得决策者更能把握事物的总体脉络，有利于提高宏观战略的深度理解。

大数据对学校人才培养模式的创新起到了重要作用。通过对学习、考核等各类系统生成的大量教育数据进行深入分析，我们能够全方位地对教育环境和模式进行改造。例如，对学生学习行为轨迹进行详细记录和分析，能够帮助我们了解学生在面对不同主题时的反馈和使用时间，从而指导教学实践。虽然单个行为的教育数据看似杂乱无章，但当数据累积到一定数量时，就能揭示出群体行为的规律与秩序。通过对这些规律和秩序进行深入剖析，未来的网络学习环境将有效弥补传统面对面指导的不足之处。总的来说，大数据与教育领域的深度融合将推动教学过程发生全新的变革，为教育实践提供更精准的指导。

在新时代，大数据以其显著的影响力积极激发了社会各界参与社会创新实践的热情。社会团体、高等院校联合体等机构借助公共教育资源共享平台展开深度研究，对在线学习和全民教育过程进行深入剖析；同时，利用大数据信息鼓励社会创新，培育具有卓越创新能力的人才，实现教育数据的互利共赢。此外，网络公众媒体和企业也承担着向大众提供丰富多样的开放性课程资源的责任，以提升流量，实施高效且精准的商业营销策略。

随着大数据技术的发展，全民终身教育体系建设正在加速推进。在这个充满大数据氛围的时代，人们开始高度重视大数据接口与学生数据的软件应用，促进了服务终身学习和实现个性化学习的教育信息系统的发展和普及。翻转课堂、社交网络等方面的研究成果逐步推动着教育领域向着实证科学的方向发展。信息技术已经成为人类发展的重要助手，在各个角落都扮演着不可或缺的角色。因此，基于信息技术的全民终身教育有望成为社区教育的坚实基础，为全体人民提供一个开放、免费的学习平台。

3.大数据驱动"大教育"愿景形成之速度：以大数据赋能教育

"智慧教育"构成的"大教育"愿景，跨越多个维度展现其全面性和深刻内涵。

（1）从教育系统维度来看，其范围不仅包括早期学前教育、小学、初中、职业教育、高等教育等传统领域，还涵盖了特殊需求人群教育和全民教育等新兴领域。

（2）教育时间的考量不再局限于在校学习，还包括课余学习和终身学习等多重形式。

（3）从教育机制角度来看，"大教育"将打破传统的教育结构，将学校教育、社区教育和家庭教育融为一体，实现全方位参与。同时，大数据将采用科学有效的教育策略和教学方法，包括教学指导、自主学习、正式或非正式教育课程、集中教育培训等。

（4）从教育目标设定来看，"大教育"强调学生的全面发展和个性提升，将教育定位于完善个体、提升素质、促进全面发展的高度。

通过对上述各方面内容进行深入研究，我们得出一个结论：随着大数据与教育之间的深度整合，其所带来的强大影响和显著效果将日益凸显。大数据的服务性、智慧型和开放性特质将推动大规模平台系统、大型服务体系以及"大教育"愿景的形成和发展，从而构建具有可持续性发展潜力的智慧教育生态体系。在此基础上，各种开放、免费和共享的方法将在这一生态系统中得以广泛应用，提高公共教育资源的使用效率，优化教育的政策环境、市场环境和社会环境。

一个优秀的教育环境是"智慧教育"形成和发展的基础。同时，充分利用完善的教育产品和服务，将大数据更深层次地融入教育领域中，推动改进提升教育决策的质量，促进各地教育资源的公平合理分布和持续稳定发展。通过智能化教学过程和精细化教育管理策略，最大限度地发挥教育生态系统的功能和价值，确保全体人民享受到更优质的终身学习服务，从长远角度推动教育事业的稳固发展。

第四节　信息化发展推动高校教育管理创新的策略

一、高校教育管理体制需要在信息化下进行改革

在当前科技背景下，高等院校教育管理制度的深度变革势在必行。教育管理机制的核心包括确定隶属关系、建立组织架构以及合理划分管理职权。对高校而言，教育管理系统必须明确划分各个环节的组织结构和权力归属，着重关注培养目标的独特性，并确保遵守严格的教育规范。传统的高校教育管理结构通常呈现金字塔式布局，权力垂直分层，集中于高层组织结构。然而，随着时代的进步，我们必须审慎思考如何对教育管理体制进行全面改革，并加大体制创新的力度。当代社会的信息化要求学校管理模式具有多样性特点，能够应对个体差异性和复杂多变的环境。现有的教育管理体制显得过于僵化，无法有效应对多元化的内外部挑战。因此，对传统的校园教育管理体制进行调整和革新势在必行。值得注意的是，信息化技术在这一改革过程中发挥着关键作用，为教育管理体制改革注入了新动力，推动其在学校管理组织体系中的广泛应用。广大师生群体都具备网络信息技术的能力，成为教育管理体制改革的重要参与者。同时，信息社会的兴起带来了巨大挑战，教育工作者需要不断提升综合素质水平，紧跟时代步伐，灵活应对挑战。

二、利用信息化手段改革教学计划的管理方式

现代信息科技的广泛应用对教学计划管理模式的改革提供了重要支持。教学计划在教改过程中具有首要地位，因为优质的教学计划是确保教学品

质的基石。一份完善的教学计划不仅应构建系统化教学体系、规划教学任务流程、组织高效的教学过程，而且应经过教育专家或相关业内人士的精心设计，兼顾教育学原理和整体利益，符合国家教育政策。尽管教学计划在一段时间内可能保持不变，但随着社会环境和科技的变革，需要适时调整和修订以适应新的发展趋势。

教育管理层必须深刻认识到转变陈旧的教学理念、修正和调整教学计划的重要性，这种转变主要包括以下几个方面：

1. 从社会人才需求的角度看，科技和经济的快速发展导致人才需求的转型，因此教学规划需要顺应这种变化，为学生提供符合实际需要的教学计划；

2. 大学生涯只是终身学习的一部分，学生除了要掌握专业知识外，还应注重学习方法、创新思维和国际视野的培养；

3. 随着我国加入WTO和经济全球化进程的加速，教育事业需要打造具有国际视野的卓越人才。

在信息化时代，我们应紧跟时代步伐，准确把握社会对人才需求的变化趋势，致力于培养满足国家战略需求的优秀人才。为实现这一目标，我们需要加快信息技术工具的应用，精心规划教育方案，建立课后跟踪检测与及时反馈机制，制定教学方案评价指标体系，以使毕业生胸怀成就、应对就业市场挑战，满足社会用人需求。

三、大数据环境下高校教学计划的制订

科学制订高校课程计划应满足以下几项基本要求：

1. 课程计划应坚持高度客观的原则，以符合社会主义市场经济的价值导向为指导，精心设计多种适应新时代需求的人才培养方案，并全面考虑未来发展趋势及其影响因素，从而甄选出各类实用性较强的智能体系进行

综合构建。

2.课程计划应充分体现灵活性的特点，使学生具备自主寻找适合自身发展潜能的学习模式的能力，同时学校应为他们提供多样化的学习路径供参考。在操作上，可以采用创新策略，如实施完备的学分制管理，借助信息技术实现远程高等教育，为学生创造宽广的选择空间，并根据其个人特点量身定制符合其需求的教学流程。我们的最终目标是培养具有良好综合素质、扎实基本功底、专业水平突出、注重全面知识积累、善于利用网络拓宽视野、知识储备丰富、保持终身学习积极性、具备可持续发展能力的优秀人才。然而，我们也应该认识到，大学生培养是一个渐进过程，不能期待所有学生都达到同一标准，因此需要尊重个体差异，鼓励他们追求自由发展之路。

关于设定课程计划的一般流程，以下几点值得注意：

（1）进行对人才培养目标及典型示范专业的深入分析，全面理解相关文件精神和学业注册规定；

（2）在此基础上，根据教育主管部门的指导方向和学校教学计划的具体要求，提出具有建设性的指导意见；

（3）委托系（院）教学委员会进行严格审议，最后由学校教学工作委员会进行复核审查，无误后提交执行校长签字确认。

高校教学计划的制订涉及以下两个核心元素：

（1）确立科学合理的专业培养目标，这对于建立完整的大学课程体系至关重要。

（2）充分考虑课程设置的适宜性，以满足学术人才的成长需求。

培养计划和课程设计是本研究的重点内容。在确定专业设置和设立专业培养目标时，我们采用了一种名为"调查"的方法。这一方法的基本操作流程包括：

（1）根据个人经验或理论分析提出多个备选方案。

（2）分发相关调查问卷，引导受访对象自由选择其偏好的观点或建议。

（3）对收集到的调查数据进行深度统计分析，按照被接受次数的多少对备选方案进行排列。

（4）设定评估指标，以更好地评估哪些选项具有最高的认可度。在此过程中，我们建议充分利用信息技术，通过互联网收集相关信息，并使用高效准确的计算机程序对数据进行分类和计算。

此外，要特别关注以下几个方面：

（1）要做出准确的预测，全面了解毕业生的就业状况；只有当毕业生能满足社会需求时，高校的就业率才会显著提高，这也是一个重要的衡量标准。

（2）要吸引并充分利用优质师资力量，努力建设完备的实验室设施和最新的教材资源，同时在可能的范围内完善配套设施。

（3）需要拓展教育视野，推行全方位的专业教育模式，尽管知识获取变得更加便捷，但在知识重构和创新方面面临着巨大挑战，因此培养全面素质非常重要。

（4）学校应具有自身的特色，学科建设应与校园地理和传统优势学科紧密结合，同时要考虑开设专业的热门程度，并根据市场需求适时调整。

在信息时代的背景下，实施高校教育教学管理工作必须保持教学计划的稳定性和严谨性，我们提出以下两条核心理念：

（1）将教学计划详细划分为半年制和全年制两类，并制订相应的教学时间表，以清晰地展示每个学期的教学任务、教学场地等细节。

（2）由相应职能部门制订详细的教学组织计划，如社会实践计划、研究所实习计划、实验教学计划和专门的培训计划。政策环境的良好、完善的硬件设施是教学的基础条件，教育管理工作的协同推进则需要教务人员、教师和学生共同努力。

在整个过程中，我们建议特别关注以下五个要点：

（1）必须严格执行教学计划，尽管有时允许适当微调；

（2）在实际执行过程中，要审慎选择教学规划的素材，确保全部按照教学大纲要求进行；

（3）要加强教师团队的建设，确保基层教学活动完全按照教学计划进行；

（4）要制定教学质量评估体系，严格监督执行情况；

（5）要确保所有教学组织和管理都严格按照教学计划执行。

四、大数据环境下对教育管理人员的素质要求

在应对大数据时代背景所带来的挑战时，教育管理人员需要具备多方面的综合素质，以适应信息技术飞速发展的现实需求。以下是针对这一问题的几点目标建议：

1. 建立坚定不移的服务精神至关重要。管理之道本质上是服务之道。教育管理人员应将服务精神贯穿于工作之中，将自己定位为服务者，积极为学生、教师和教学事务提供全面周到的服务，最终推动教育事业的蓬勃发展。

2. 熟练掌握教育理论和专业领域知识是必不可少的。作为教育管理者，必须具备扎实的教育学、教育心理学、管理学以及高等教育学等学科知识，这是科学高效地指导管理实践的基础。同时，还需具备相关的专业技能，以便在实际工作中充分利用各种资源，提高管理效率。

在应对复杂局面时，教育管理部门的员工可以通过学习各类现代计算机管理方法和档案管理技巧等专业知识，以应对工作挑战。

因此，综合素质的提升需要全面而精深的高等教育管理知识，这对于实践操作的顺利展开至关重要。教育管理人员还应紧跟高等教育改革的前

沿理论，不断提升自身的理论修养和专业技能，以更好地适应信息时代的发展需求。

3. 现代信息技术的熟练运用是教育管理人员必备的核心素质之一，能够全面提升信息素养至关重要。在当今信息技术迅速发展的潮流中，我们必须与技术前沿保持同步，不断更新自身知识体系，以提高管理效能。教育管理人员应具备卓越的信息素养，同时善于充分利用当代先进的信息技术手段。例如，他们在处理教育事务时，应具备信息检索技能，能够从海量网络信息中迅速获取所需情报；能够熟练使用各类教育管理应用程序；具备一定程度的英语语言能力，以更好地应对互联网技术与教育全球化的深入发展；加强信息敏感度，关注广泛的教育信息需求，以提升教学质量，并进一步实现管理效能的显著提升。

4. 教育管理人员需要具备强大的管理能力，这包括组织决策能力和教育科研能力的全面提升。

（1）组织决策能力需要相当强悍。在当今充满变革与机遇的社会环境中，教育体系改革步伐加快，教育管理者需要拥有出色的组织决策能力，以制定切实可行的教学规划，深化改革，实施有效的政策策略，同时结合学校核心竞争力，制定科学周密、理性缜密的决策方案。

（2）教育科研能力也需要得到更强大的提升。教育管理人员应深入研究各个领域的科学成果，探讨教育现状，了解全球教育改革的动态前沿，积极参与教学实践，检验教学效果，对高校整体教育状况进行深度观察与研究。此外，开展有效的教育管理和教学学术研究，深入探究教育管理的内在特性和运行规律，进一步提升教育管理工作的精准执行，提高教育营销管理的品质与效率。

（3）教育管理人员需要坚定创新信念，敢于拥抱变化，并培育团队协作能力。教育管理应始终保持敏锐的时代触觉，引领潮流，不囿于传统僵化的模式。当前，创新创造能力正是大多数高校教育管理人员最为欠缺的关键特质之一，因此，我们需要积极培养这一能力，以推动教育管理工作的不断创新和进步。

五、与大数据紧密结合

（一）完善教育管理制度

教育治理体系是依据国家相关教育法律条款、领导机关和有权机构的决策范畴定制，旨在维护正当的教学流程，是构建完整国家教育方案的关键要素之一。高等院校的教育治理架构主要包括以下四个层次：

1. 管理教学资源，涵盖教学规划、课程编排和年度表现总结等内容；

2. 管理学习进程，包括考核评估、课程进度掌控、教务资料档案管理和课程调整等环节；

3. 针对教师及教育行政管理者的岗位责任与奖惩制度；

4. 学生的日常活动管理。

为了改善和提升教学品质，除了已有的教育治理架构之外，我们还需要立足于各所学校的实践经验，创设全新的架构机制：

（1）加大在教学层面上的会议协商力度，进一步明确会议制度规程，定期举办研讨会并提供方向性的指导原则，使教学行为得以规范化；

（2）将管理规范化系统化，以使其具有可预见性；

（3）合理配置各类考试，重视考务工作的管理流程，使其更具操作性；

（4）建立并完善毕业生就业质量评估体系，对毕业论文的评审要细致入微，同时也要关注学生的后续表现，给予他们足够的关爱；

（5）设立专门的教学管理监管工作人员；

（6）研究并设计创新型教学过程和体系；

（7）实现职业教育的标准化审评；

（8）对教学成果的反馈，如英语四六级及全国计算机等级考试成绩、职称结构、教师资格等应被全面纳入考量范围。

（二）校园网推动教育管理的作用要发挥好

环境因素构成了教育治理的坚实依托，尤其在当前时代背景下，现代教学离不开信息化平台的支撑。因此，我们需高度重视校园网络的综合性价值，从全局视角科学地组织和引导整体建设。对于教育管理信息软件，既可以自主研发，也可参照市场现有产品进行调配运用，但务必确保适用性和互联互通。具体操作时，我们建议采取"双管齐下"的理念，即将硬件设施与软件工具相结合，共同打造教育管理信息系统。由于软件设计存在较高的时间成本，因此在实现网络升级的过程中，预计需要投入更多时间。此外，考虑到多种技术、多重管理要素与学校实际情况密切相关，如何精准定位各种功能需求，制定科学可行的执行策略，需要学校行政团队深入思考、精心策划、精细实施。

同时，应设立校级专门人员，由这些专业人才承担起校园网管理的核心职能，推动校园网的多元应用。进修培训也是不可或缺的一环。通过专业教师不断提升技术水平、提高教育素养，帮助校园网真正融入师生生活的每一个角落。学校还应加强对教师、管理人员和学生的教育培训工作，制定具有针对性的规划，以满足各方个性化需求，鼓励广大师生充分利用校园网络平台，激发对网络环境的认同感。唯有如此，校园网的价值才会得到更广泛的认可和发掘，其成效才会得到持续深化和提升。

（三）教学要有足够的投入

若缺乏充足的物资资源作为根基依托，难以确保教学价值优势得以充分彰显，正如俗语所言"巧妇难为无米之炊"。学校的财务状况实际上决定了教学运营的基础规模，优质的大学必定具备充足的资源供给。然而，在当前我国高等院校教育管理领域,面临着严峻的挑战。

1. 教学过程中的资金不足。我国各大高校的资金来源普遍依赖于政府投入,但由于财政限制,投资幅度相当有限,导致了资金紧缺的困境。

2. 在能源投入方面也缺乏有力的领导指引。由于多种原因,学校高层对教学环境以及师资队伍尚未形成全面而深刻的认识,从而引发了教学质量下滑、教师及教育管理人才投入不足等问题。最后,部分学生缺乏刻苦努力,未能全力以赴投入学业。实际上,高校对于人才的培育,除了硬件资源外,更需要强调软件实力的投入,只有将两者有机结合,才能实现高效管理。

当今社会,已有多种策略可以妥善改善教学情况:

(1)无须过度依赖政府投资,可以通过建立多元化投资体系、寻求更多合作伙伴等方式来解决;

(2)科学合理地分配资金投入,改变校园管理团队过度注重其他利益、忽视教学重要性的现状;

(3)提供优惠待遇,解除教师后顾之忧,让他们专心致力于教学事业,从而改善人才紧缺的局面;

(4)强化学生管理,提升学生学习积极性与动力,增加学生的学习压力。

第五节　信息化思维下高校学生管理面对的机遇和挑战

一、信息化思维给高校学生管理带来新的机遇

（一）信息化实现了高校学生管理工作科学数字化

社会信息化乃是以互联网科技为主导的信息技术飞速发展的必然产物。目前，我们已经迈入了信息化新时代，社会信息化对高校学生教育工作产生了深远且具有颠覆性的影响。信息化使得学生管理工作转变为数字化模式。过去，绝大部分高校对学生基本信息的统计通常采用传统方法，即一位学生对应一份信息登记表，以便辅导员及其他教师了解每位学生的详细信息。然而，通过对部分高等学府的教师进行深入调研，我们发现学生的信息统计基本已采用数字化的保存方式。现在，在高校数字化校园建设过程中，规定所有新建系统须与中心数据交换平台兼容，最终遵循数字化校园的标准化规范。因此，新系统的业务数据通常上传至中心数据库。这有利于实现校内数据管理的规范化、集成化、权威化，并保证数据的完整性、逻辑性、一致性和共享性，为各项业务系统和终端用户提供轻便、高效、安全的数据存储场所，使各种访问服务得以顺利实现对数据的有序组织和集中管理。同时，这推动并提升了各职能部门的业务规范化程度和学生管理工作的科学现代化水平。实施高校学生管理信息化措施，使学生管理工作的内容及其作业流程更科学、制度化、规范化，有效规避冗杂的人工劳动，简化学科的大量重复性工作，摒弃人为的非合理因素，节省人力资源，显著减轻工作负担，避免某些工作环节中的失误和过失，显著提高工作效率，并最大限度地拓宽学生管理者的工作延展性。举例来说，通过观察浙

江工业大学的学生综合治理平台可以发现，学生的基本信息已成功采用数字化的存储方案，同时在该系统内集成了学生日常生活中常接触的事务处理、统一身份验证、心理健康评估等多项实用功能，为广大学生的日常学习与生活提供了极大的便利条件，促使学生工作向着更为科学、高效的方向稳步推进。

随着信息科技在高校中的广泛推广与运用，不仅使得广大师生的学习与日常生活更为便利，而且显著提升了学校各级管理机构的运作效能。当前，除了基本的校园管治功能之外，学校更加强调提供更为便捷高效的服务设施。所谓的"数字化"，即通过运用先进的信息技术手段，将诸如文字、语音、图片、影像以及动画等各类实体信息进行编码、储存以及发布，从本质上来讲就是实现在计算机上完成信息处理的过程。

回过头来再看"数字化校园"，其实质就是要在大学校园内部建设一套以校园网络为基础，以信息化管理为核心，以及信息化服务作为辅助支撑的便捷式大学治理体系。同时，校园主要网络体系的建立则应该包含整个学校范围内的覆盖，涉及图书馆、餐厅等多个自助服务终端设备的连接，以此实现校园网络与地区主要网络的衔接，从而实现教师教学、学生事务管理、教师教育研究等诸多方面的信息资源的一体化整合，以便能够随时随地为在校师生提供全面且便捷的信息服务。

要建成数字化校园，就是要打造一个集理论研究与实践操作于一身，信息技术掌握扎实、应用领域广泛的信息体系，使得信息服务具有数字化、智能化特征，信息管理实现自动化。而实现学生事务管理的信息化，实际上就是利用智能化的电脑系统，将学校的行政管理与学生事务服务等各种子系统进行联通，如此一来，各个部门之间就可以实现数据库共享，从而有效地缓解各种不同部门、不同学院各自为政的状况。

以上这些信息经过网络的转换，转变为数字化形态之后，相较于传统的上传下达式的工作模式，无疑会大幅度提升信息的传播速度和影响力范围，进而提升工作效能，有力推动数字化校园的建设步伐。

（二）信息化加强了高校师生之间的沟通与反馈

1.高等院校教师与学生间的沟通与信息反馈水平得到显著提升

高校学生作为具备较高文化素质的特殊群体，正处于网络盛行的时代，成为受影响最为深远的重点对象之一。信息化的广泛应用为高等院校学生管理工作的有序展开注入了强大助力，建立了教师与学生间积极沟通和有效反馈的畅通桥梁。随着信息技术的飞速发展和大规模推广，其低成本的沟通方式使得信息化方法迅速渗透到高等院校学生管理的各个方面。高效便捷的信息传递技术得到广大高校学生的青睐使用，显著提升了高校学生管理部门与学生之间的沟通效果。根据相关调研数据，所有接受问卷调查的学生均拥有QQ社交软件，许多学生常常利用微信等多元化的信息化媒介进行信息获取。同时，许多高等院校的学生管理工作人员也意识到了信息化工具的优势，充分顺应了当代大学生群体的沟通需求。例如，通过QQ群组、微信等多元化方式，显著增强了与学生之间的交流与沟通。总体而言，信息化手段的采用为高等院校学生管理工作带来了极大的便利与挑战。

2.微博、微信等新型数字化媒体以其独特优势赢得了广泛的支持和好评

微博、微信等新兴数字媒体展现出的高度互动性、移动特性、私人订制化以及主动分享特性等独特魅力，使其成为全新传播技术的代表，并吸引着越来越多的人加入其中，尤其是各高等院校的大学生。对于如何突破原有高校教育工作的瓶颈、深化人际交流和沟通，学生对微博、微信等新兴数字媒体情有独钟。若能充分发挥这些新媒体在提高教育针对性和实效性方面的重要作用，师生间的思想交流和沟通就能更加深入，从而促进大学生整体素养的全面提高。同时，考虑到网络等新媒体在信息集成量大、共享便捷及传输速度快等方面的优势，借助新型数字化媒体推出时事动态、

先进理念、成功案例等丰富多样的信息资源，将有助于提升高等院校学生管理工作的个性化服务质量，使得教育内容更加丰富多彩、灵活新颖，为学生管理工作的创新和变革提供了难得的契机。

（三）信息化思维促进高校工作载体创新

在当今信息社会的背景下，高等院校学生管理工作的信息化进程是实现现代化和效率提升的关键手段之一。将高校在学生管理工作中的愿景转化为现实，这一基于信息社会需求的学生信息化管理不仅体现了商业环境下信息化发展的趋势，更是实现社会信息化目标的重要举措。管理信息化与人本主义教育理念的协调推进，充分发挥科技力量，有力地推动了高等院校学生管理工作的现代化和效率化进程。

（四）信息化创新高校人才培养模式

人才培育体系是高等学府根据国家人才培育目标及品质规范，为在校大学生精心规划知识、技能和综合素养的构成，并详细阐述如何落实这些构成要素的实践过程。传统的高等院校人才培育模式倾向于标准化、专业化和统一化，家庭、学校和社会各自负责教育，但三者间未能实现信息的有效沟通和资源共享，无法准确洞察每位学生的多样化需求，也无法根据个人情况施教，进而无法真正提高学生个人素养。

在信息社会中，人类智能性的创新精神得到广泛运用，深刻影响了人们解决问题、参与经济活动和社会实践的思维方式。因此，高等院校在培养人才时必须顺应时代发展，适应社会变革和需求，持续提升学生的职业素养和综合能力，熟练掌握和运用先进的计算机科技手段，并依赖专业知识对信息进行深度剖析和判断，开展科学实践活动，以更好地融入现代信息社会。这并非将学生培养成温室中的花朵，而是要求他们积极投入到信息化的潮流中，使真正具有较高水平的人才在激烈的市场竞争中脱颖而出，推动高校信息化建设进程。

目前，我国各高校正在依靠校内网络，深化和完善信息化建设，传统的类似工业生产流水线的人才培养模式已远远滞后于时代步伐，面临被信息社会淘汰的命运。因此，我们应敏锐把握高校信息化建设的机遇，加速知识型人才培养模式的转型，实现人才培育模式的彻底转变，进一步推动高校信息化的全面发展。我们期待人才培养和信息化建设两方共同前行，协同发展。

此外，互联网时代的到来也深刻影响了在校大学生的思维观念和行为习惯。有关数据显示，所有大学生均利用网络聊天软件进行交流沟通，学校官方网站、微信公众号、微博、QQ群、微信等社交平台成为他们获取信息的重要渠道之一。信息技术丰富了大学生的学习生活，为其提供了便捷，同时也给高校学生管理工作带来了挑战。尤其是在当今大学生心理问题频繁发生的背景下，这将引发严峻的社会议题，严重侵害大学生的身心健康，对我国高等教育人才培养工作构成严峻威胁。由于网络时代各类信息的迅速传播，对大学生价值观的塑造产生了重大影响，一些不良信息对学生的思想行为产生负面影响，导致部分学生缺乏学习动力，甚至陷入虚拟的网络世界，脱离现实社会，适应性差。因此，高校学生管理工作面临巨大压力和任务。

二、信息化思维给高校学生管理带来的挑战

（一）信息化思维对高校学生管理的冲击

在新时代的背景下，大学生的成长发育已经与整个社会发展的宏大规模融为一体，高校学生管理工作的研究领域应顺应这一趋势，从更广阔的社会环境视角探寻对大学生群体产生实质影响的关键要素。然而，我们过去往往将注意力局限于高等教育领域本身，忽视了社会环境对当代大学生

思想观念的巨大影响。随着我国社会主义市场经济体系的日益成熟与完善，大学生的思想观念受到了多种社会经济成分、多样化的生活习俗、多层次的经济利益驱动以及不同的思维模式、多元化的就业选择等因素的交互影响，因此呈现出日益多元化的特征。例如，在价值观念上，大学生越来越趋向于多元化，过度强调实用性，缺乏对个人、集体和国家整体利益之间平衡关系的处理能力，责任感逐渐淡化，对现实生活持冷漠态度，对虚拟世界投入过多热情等问题，给现代高等院校学生管理工作带来了相当大的挑战。

信息社会的到来导致了大学生的学习、生活和娱乐休闲习惯发生了重大变革。信息化技术的广泛应用使得现代高等院校学生管理工作得到了极大的便利支持，但同时也引发了一系列新的问题和挑战。例如，信息网络的虚拟化如果不受到适当约束和严格管理，必然会对大学生的身心健康造成严重危害，进一步显露出大学生可能面临的各种社会和心理问题。例如，部分大学生在网络环境中的政治认知模糊，道德品质下降，责任意识减弱，心理素质堪忧等现象。同时，信息化条件下教师开展有针对性的思想教育工作的难度也大幅增加。信息时代信息传播手段和交流方式的不确定性使得教育的过程变得更加复杂。信息技术和网络提供的信息资源共享和快速沟通桥梁，也给现代高等院校学生管理工作带来了一定程度的冲击，但是需要警惕的是，大学生正处于形成世界观、人生观和价值观的关键阶段，特别容易受到外部文化的影响和感染。网络空间的虚拟性使得人际关系呈现出自发性的间接特质。大学生长时间面对计算机屏幕进行人机交流互动，很容易产生心理麻木和道德冷漠现象，渐渐失去现实感和有效的伦理评判力，对形成合理的人生观、价值观产生了不良影响。互联网上不负责任的言论诱导了学生的颓废、消极、缺乏诚信等人性弱点，培养了学生矛盾心理，使得大学生的世界观、人生观和价值观产生了扭曲，最终陷入价值取向混乱状态，加剧了现代高等院校学生管理工作的复杂性。

（二）管理人员素质对信息化思维管理模式的影响

作为以人为本的教育方式，高校的学生管理信息化应当旨在为学生成长成才提供全方位支持与服务，有效提升其学习品质与生活质量。然而，在实际操作中，若高校在引领信息化进程时忽视了对学生需求的深入研究与把握，则可能导致信息化项目出现方向性偏差，进而引发学生对信息化产品的冷漠甚至抵触情绪。此外，高校学生对待信息化、数字化的态度将直接影响学生管理信息化项目的成败。因此，高校学生管理工作者需具备较高的信息化素养和综合素质来支撑信息化、数字化校园建设。

随着信息科技的广泛普及与应用，高校学生管理工作者的信息化素养与高校学生管理信息化的要求之间出现了明显逆差。信息化推进的速度与成效在很大程度上取决于学生管理工作者的信息化水平。尽管受访者表达了对自身信息化产品使用技能的自信，但多数人认为实际运用的功能占信息系统提供功能的较小比重。浙江省部分高校在信息化队伍建设上面临两大困境：

1. 管理阶层人员的信息化管理观念较为薄弱，导致管理任务执行效率较低。即便拥有优越的软硬件设施，若学生管理人员的信息技术能力不足，无法充分利用现代信息技术，信息化建设难以取得预期效果。

2. 尽管各高校配置了专业化技术人员，但追踪最新的计算机技术几乎无法完成。在高校实践环境下，这些人更多被分配去学习新兴计算机技术，鲜有接触到业务流程。未能理解各部门业务特点的情况下，难以掌握协作式办公核心理念，更难制订完善的学生管理信息系统建设方案。

（三）信息化思维学生管理对现行管理模式的影响

我国高等院校学生管理信息技术的应用机制仍待进一步健全与完善。尽管当前学生管理信息化尚处于初步阶段，其历史发展相对较短，部分从业者甚至未能深刻理解和掌握其运作规律，然而，我们必须认识到，任何有序的工作若缺乏制度性支撑，其发展必将面临重重挑战。信息技术的应用应当旨在提高工作效能，但由于制度不足导致管理人员在信息技术应用水平上参差不齐，这使得管理流程存在显著差异，可能导致学生管理工作陷入混乱状态，进而妨碍其正常健康发展。在我国高校实施学生管理信息化过程中，常见多方干预、相互牵制，不同部门设定的目标不匹配，各自制定独特规范，导致设备重复购置、信息资源重复建设及利用率低下、信息化标准推进缓慢、资源整合与共享困难等问题。

特别需要关注的是，高校学生管理信息化需要各部门间的协同合作，缺乏强有力的牵头部门往往是问题的根源。高校学生管理信息化应是一项全校范围的系统信息建设项目，不仅限于某一职能部门，其关键在于实现信息资源的优化处理和高效共享。

（四）软件与硬件配置需求分析

高校学生工作信息化建设涵盖范围广泛，包括办公用电脑、网络服务器、多媒体设备等硬件设备，以及学生信息管理系统等一系列软件工具。这庞大的信息化建设需要相应的资金投入。然而，许多高校领导对学生管理工作信息化的重要性认识不足、重视程度不够、主动性匮乏，导致信息化建设的投入不足。领导人缺乏对信息化重要性的战略性思考，因此即使有信息化设想，也往往因技术和资金等实际因素的制约未能实施。

此外，高校学生管理信息化是一项复杂的系统工程，需要大量经费支持。在网络建设之后，维护管理、软件研发与设计、硬件更新与优化都需要资金支持。因此，充足的经费投入是学生管理信息化建设的先决条件。经费的投入水平直接决定了信息化建设的品质和水准。然而，部分高校缺乏完善的资金投入机制，无法提供必要的资金支持，陷入了资金短缺的困境。

（五）学生对信息化思维管理的影响分析

学校是否能够切实有效地推进学生管理信息化建设，很大程度上取决于师生对信息化、数字化的具体看法及应对方式，这也意味着信息化发展趋势对当代大学生的信息技术素养提出了更为严苛的挑战。通过相关调研活动发现，近一半的大学生对自身的信息技术水平及适应信息化管理的能力持有相当自信，认为已基本具备相关能力。然而，只有极少数学生表现出主动利用信息化手段提升智能学习的意愿。可见，当前高校学生的信息技术水平仍难以完全匹配学生管理信息化工作的需求，特别是对信息化产品的实际运用价值尚未得到充分挖掘。缺少学生群体的积极参与和全力协作，即便最先进的信息管理系统也难以发挥应有的功效。许多学生由于不能准确掌握学生管理系统的使用方法，导致管理系统效率低下甚至毫无效果。

此外，在学校推动学生管理信息化建设过程中，技术人员配置与管理环节也存在诸多困难和问题。这些技术人员需时刻关注信息技术前沿动态，不断学习新的技术知识，为信息化管理提供更优质高效的服务支持。然而，信息化建设必须立足于学校实际状况，根据需求进行规划设计，而非盲目追求最先进的技术设备，同时必须对学校各教学管理部门的职责义务有全面清晰的理解，制订相应的信息化建设策略方案。

第二章 教育信息化背景下高校教学管理机制的构建

第一节 高校教学管理信息化的发展趋势

一、高校教学管理信息化研究的相关概念

（一）信息化的含义

信息化一词最早由日本学者梅棹忠夫在其经典著作《论信息产业》中提出，早在20世纪60年代即有涉及。梅棹忠夫认为，信息化是通信现代化、计算机化以及人类行为合理化的综合体。然而，将此概念普及至西方社会则是在20世纪70年代后期。我国对于信息化的理解经过长时间的学术和政策辩论，随着时代变迁，我们对其理念也在不断更新。

（二）高校教学管理的含义

教学管理，字面意义上即为了达成预期教学目标，遵循教学规律与特性，全方位实施对教学全过程的把控。其在高校教学过程中的关键角色凸显，通过严格遵守教学规律和管理规律的原则，依附于教育思想，借助一系列管理手段对教学过程进行规划、组织、指挥、协调和控制，确保高等院校维持正常的教学秩序，充分发挥教学资源性能优势，顺利达成人才培养目标。高校教学管理不仅涉及行政事务管理，更是融合行政管理及学术

管理两大功能的综合性学科研究。它致力于探索高等教育的教学管理思想、核心原则、执行方案、要素构成、内在规律及明显特征，同时兼顾"以教学为中心，以高层次的教学质量为追求，以科学管理为线索"的教学及管理团队的客观规律以及内部关联性。主流观点认为，现代高校教学管理的理论基础主要来自教育心理学、教育管理学、高等教育学、教育技术学等关联的教育学和管理学学科。

（三）高校教学管理信息化的含义

管理信息化是运用信息化推进工业化进程，激发企业管理现代化活力，从而使得企业改变原有的生产模式、营销策略、业务流程、传统管理方法和组织架构，有效整合企业内外资源，提升企业运营效率和经济效益，增强企业市场竞争实力。教学管理信息化则是管理信息化理念在高等学校教育管理领域的延伸，指在现代教育核心理念的引导下，善用计算机、网络通信及多媒体等现代化信息技术，对高校教学全过程予以有效管理，进而实现预定的教学目标与效果。它通过充分运用前沿信息科技，遵循现代高等教育与管理理念，改变传统高校教学管理模式，实现高校的教学目标。需要明确的是，高校教学管理信息化并不等同于单纯的信息系统硬件、软件的开发与建设，更涵盖了教学管理理念的创新、深化和高效运转。

（四）高校教学信息化管理模块

为提升高校的教学管理水平与运作效率，有必要建立高效的职业院校校园网络体系，实现对教学管理信息的共享、分散运作与集中式的管理模式。我们迫切需要突破传统的教学管理模式，加速推进教学管理向综合化、智能化、无纸化以及数字化方向的转变。通过校园网络，学生和教师可以便捷地进行信息互通、档案查阅，从而确保教学管理工作更加规范、精准、便捷。利用网络信息化手段，可以方便地向学生公布学习成绩、课程安排变动、选课信息以及考务安排等相关事项，进一步提升教学管理的效率。教学管理信息化采用多元化的信息系统教学管理模块，将极大地提高教学管理的整体质量。教学管理系统模块主要包含但不限于学生学籍管理、校内系统管理、学生注册管理、公共信息维护管理、课程管理、选课管理等不同层面的信息化管理模块。

1. 学生学籍管理

实施信息化学籍管理模式有助于精确核实并更新学生学籍信息，同时为学生提供查询相关资料的途径。根据学生学籍数据，定期生成数据上报文件与高阶报表。

2. 校内系统管理

通过设定系统参数、配置系统工具及用户管理等多种方式，确保教学系统性能稳定并妥善管理各类教学资讯。

3. 学生注册管理

借助信息化管理模式，每学年新学期开学之际可以更快捷地组织学生进行注册，大幅提高学生注册管理效率。

4. 公共信息维护管理

充分利用信息化技术维护公共信息管理，为学生提供各项基础数据集，包括教学管理信息代码、学校公共编码、校内教务系统公共编码、选课编码、成绩编码以及课程信息编码等。

5. 课程管理

灵活运用信息化技术，为学生搭建课程信息服务平台，全面覆盖选课、课程排布、教学规划以及学生成绩管理等环节。

6. 选课管理

学生通过信息化手段方便地查阅学校相关法规政策和教师履历等信息，制定最适合个人的课程时间表。教学管理人员可通过客户端访问查询和调整学生选定的课程数据。

借助信息化技术，我们能够提高教学管理系统的稳定性，并优化现有的教学管理模式。采用全新的教学管理方法，我们将能够更好地发挥信息化的优点，推动教学管理任务质量的显著提高，有效规避教学管理过程中可能出现的隐患，为各级管理人员提供高度可靠的数据支持。高等教育院校应逐步完善教学管理系统，提升教学管理信息的安全性，实现教学管理工作的信息化、规范化和科学化。

（五）信息化在教学管理中的作用

1. 提升教育管理效率

过去，教学方式主要依赖于纸质课本，这种单向传播形式使得教学管理效率难以达到理想状态，不足以满足现代化的教育需求。然而，通过信息化技术的应用，单位时间内的信息传输能力得到显著提升，如采用多媒体教学、电子文本阅读等先进技术手段，大大减少了人工操作所需的时间，从而提高了课堂教学的效率和成果。将信息化元素融入教学管理中意味着在课堂教学过程中合理应用计算机多媒体和网络信息技术，使课堂教学更加高效，更好地应对信息化时代的教育发展需求。教学信息化旨在将教育教学手段和方法信息化、现代化。

2. 驱动教师持续学习、提升业务能力

教师团队建设是教育管理的关键部分之一，在素质教育持续推进的今天，教师的综合素养要求越来越高。因此，推广实施教育管理信息化能够激励教师保持积极的学习状态，有助于提升教师团队的整体实力。21世纪以来，我国教育领域以"课程改革"为核心进行了重大变革，这给教师带来了前所未有的机遇和挑战。尽管信息技术在辅助教学方面得到了广泛应用，但其实际效果仍有待提升。许多教师未能充分利用信息技术，导致课堂教学效率未能显著提高；此外，一些教师在应用信息技术时未能针对教学重点与难点进行设计。因此，如何巧妙地借助现代教学手段为学生创造教学情境，提供丰富多样的教学资源，以及如何更有效地结合信息技术和课堂教学成为教师面临的现实挑战。

在这一背景下，国内许多学校已开始将信息技术引入课堂，并对教师进行专业培训，使其了解信息技术并在课堂教学中应用。目前，一些教师已具备独立开发和制作课件的技能，这为教育管理信息化提供了坚实的基础。

3. 实现全方位无死角的教学过程掌控

尽管课堂教学是教学活动的重要组成部分，但仅依赖传统的课堂教学方式无法完全满足现代教育的需求。除了课堂授课外，还需要结合课后作业、测试以及对教学质量进行核查等环节。然而，传统的教学管理方式常常让教师陷入烦琐的工作中，耗费大量时间和精力。因此，采用现代信息化的教学管理方法来优化管理流程，能够减轻教师的负担，同时实现全程监测与评估教学活动，推动教学活动的顺利开展。

信息化教学管理有助于分析学生个性特点，调整教学策略，提高学习效率和质量。借助大数据技术，可以收集并分析学生在学习和完成作业过程中产生的各种数据，准确反映出每位学生在各科知识点上的掌握程度，帮助教师进行有针对性的教学指导和作业布置。信息化教学管理还在决策制定和提供建议方面具有优势，为科学治理提供强有力支持。例如，在个性化教学方面，利用人工智能算法进行课程规划能够迅速联系课程、教室、师资资源进行高效的课程安排，提高效率并保障学生满意度，充分展现了信息化对教学管理的深远影响。

4. 减少教学压力，提高教师生活品质

近年来，我国提出了一系列有关教育信息化的政策，旨在为广大教师提供支持，减轻他们的教学工作压力。各种在线教育服务平台推出了具有智能阅卷功能的应用软件，教师可以通过智能手机拍摄学生完成的作业，实现一次性批量改动作业中的错误，进行班级学生学业表现的综合分析、每位学生独立完成作业的详细进度以及考试成绩的记录备案。此外，教师备课所需的各类教学资料也可以随时获取，学校与家长间的信息交流更加畅通广泛。

综上所述，通过先进的信息科技提升教育质量已成为全球共识。运用互联网、大数据、人工智能以及虚拟现实技术探索未来教育教学的新模式，不仅是我国教育事业发展信息化建设的重要途径，也是其追求的终极目标。教育信息化已渗透至教学、学习、考核、评价以及管理的诸多环节，解决数据收集难题，提供减轻教师负担、提高效率的手段，使教师能够更专注于有价值的工作内容。

5. 科学化的教学管理决策之路

随着教育信息化的日益完善应用，我们有机会将教学管理推向更为科学的境地。通过深度挖掘信息化技术的潜能，高等学府作为教育中心可以全面掌控教师团队的建设、教材的配置以及招生计划的设定等方面。这一切都依赖于信息化技术生成众多教学管理策略，并在此基础上进一步整合，以达到充分发挥各项工作效益的目的。在高校相关的教学管理决策中，教育信息化是所有决策的基石和决定性依据，有效地解决了传统高校管理中的信息滞后、失真和不完整等问题。它对于高校深入开发教学资源起着不可替代的推动作用。换言之，教育信息化在高校管理中的实施有助于使教学管理决策更具科学性。

6. 激发教学管理的创新活力

教育信息化在高等学校管理中，凭借其强大功能，大力提升了大学教学管理的创新能力。当前，我国社会正处于激烈竞争的阶段，高等院校若长期未对自身教学管理进行准确定位，可能面临社会淘汰的风险。因此，各高校必须通过创新教学管理来改变现有困境，提高市场竞争力。为实现这一目标，我们需要充分利用教育信息化的高效管理机制。在实际操作中，高等学校管理可以借助信息教学管理系统为教学管理注入新的活力，极大增强了管理层的信息收集和处理能力，实现了高校教学管理的创新理念。值得指出的是，信息教学管理系统还可以实现不同高校间的横向交流，对整个高校体系的共同进步具有巨大推动力。

（六）教育信息化对教学管理提出的要求

1. 加大对教学基础设施的支持力度及相应配套设施建设

学校的信息化水平往往取决于学生对信息技术的熟练掌握程度。因此，我们应确保每位学生都能掌握基本的计算机应用技能，并逐步转向新型教育模式，强调培养学生的信息素质。这样才能使信息技术更好地服务于学生的学习和未来职业发展。在这一过程中，基础设施建设是提升教育信息化水平的基石和关键所在，包括学校的电脑室建设、年度数字资源采购投入、教师团队的信息化设备配备等。这些硬件设施和软件环境直接决定了学校在教学管理信息化领域的推进程度。为了进一步提升教学效果，我们需要加大对学校自有资源库及其所需支撑平台的建设投资。数字化校园的基础工程实际上是将教育资源数字化处理的过程。因此，建立一个资源丰富、门类齐全且易于使用的校本资源库成为首要任务。然而，尽管经过多年的努力，一些学校在资源库建设方面取得了显著成果，规模也逐渐扩大，但仍存在诸多问题。这些问题主要表现在以下几个方面：首先，校内资源种类无法完全满足实际教学需求；其次，大多数资源内容缺乏校内特色，缺乏校本特色元素；最后，校内资源利用率低，未能充分发挥其应有的作用和价值。

2. 构建信息化素养卓越的教师队伍至关重要

教师队伍的信息化素养对于信息技术在教育教学中的成功应用至关重

要,是决定其兴衰成败的关键所在。一支积极主动、不断追求知识更新的教师团队,能够更好地适应教学管理信息化工作的挑战。

当前,大多数教师已经表现出相当程度的开放心态,愿意尝试新的教学模式。因此,我们需要不断努力,建立一支与信息化发展潮流相契合的教师队伍。一所学校拥有掌握现代教育技术的专业师资力量,无疑是其信息化水平的最佳体现,而打造这样一支专业的师资队伍正是学校信息化建设的核心任务。

然而,我们也不得不面对当前教师在信息化教育方面能力普遍较弱的现状。其主要原因在于许多教师尚未形成信息化教学思维,同时不熟悉信息化工具的运用。教育信息化的首要任务是确保所选用的信息化产品易于理解和操作,能够快速让教师熟练掌握;其次,产品必须真正有效地减轻教师负担,使他们能够充分享受到教育信息化带来的诸多益处。只有这样,教师才可能持续地使用这些信息化产品,从而切实提升教学效率。

为了实现这一目标,我们需要确保每位教职工都接受全面系统的信息技术培训,并逐步转变培训方式,充分利用校园网络提供更多的自主学习平台。同时,随着时间的推移,有步骤地更新培训内容,确保教师掌握基本技能的同时,组织一些基础较好的教师开展信息技术与学科课程融合的深度学习。我们主张"以用带学",强调自主学习,加强过程监控和讨论研讨。除了过程监控外,还需重点考察培训学习成果,要求参与学习的教师每年至少承担一次关于信息技术与学科课程融合的学术讲座任务。

3. 信息化手段在教学中的适度运用

相较于传统的教学方法,信息化教学确实具备多方面的优势,但也同样存在一定的局限性。因此,在教学过程中,应当合理整合各种教学手段,使每一种方式都能充分发挥其优势,以提高教学质量并促进教学创新。过度依赖信息化教学方法可能导致教学效果不如预期,甚至忽视学生的学习反馈和接受程度。

信息化教学充分利用了现代教学媒体如电脑、互联网等的特点，吸引了更多元化的教学媒体参与，提供了丰富的信息资源，创造了信息丰富、知识充足的学习氛围。同时，通过利用计算机的交互性、多媒体特性和超文本特性进行教学，可以构建生动、富有情境体验的教学环境，激发学生的学习兴趣，促使他们更加主动地探索知识，避免了单向灌输知识的情况。在这种情况下，教师的角色更多的是充当课堂教学的组织者和引导者，协调学生之间的学习活动，成为他们的支持者和激励者，而不仅仅是知识的传授者和课堂的主导者。此外，信息化教学还可以实现个别辅导，有利于因材施教和互助互动，推动合作式学习模式的发展。

然而，信息化教学对教师的职前培训和技能水平提出了更高的要求。教师需要具备良好的信息技术应用能力，以应对可能出现的课堂突发情况，否则可能导致教学过程的失控。因此，我们强调应同时采用传统教学方法，以维护教师在课堂教学中的核心地位，使其能够更好地组织、管理和调控课堂活动。在强调学生个体差异性的教学环境中，学生很难陷入学习的僵局，因为学习目标更加明确，具有更强的针对性。

二、高校教学管理信息化的特点

1. 数字化特性显现。数字化作为教学管理信息化的基石，整合计算机信息科技，将教学管理信息以数字化方式呈现，简化设备结构，确保设备性能稳定高效。这不仅便于教师进行管理工作，还提高了教学质量和效益，激发学生想象力和创造力，为教学策略制定提供可靠数据支持。

2. 多媒体化典型特色。信息化推进以知识传输和运用为核心。教学管理信息化充分展示信息高度集中性，各类信息媒介设备融合互通，促进信息多样化表现，凸显知识化特质。多媒体技术生成生动具象的教学内容，丰富教学素材，个性化教学支持提供更精准的学习支持。

3. 网络化优势显现。整合计算机资源实现信息共享，发挥网络平台纽带作用，紧密结合教学过程各环节，实现灵活调控和高效互动。系统功能人性化，沟通方式自然流畅，是高校教学管理信息化的重要亮点。

三、我国高校教学管理信息化建设的发展历程

我国高校教学管理信息化从零星探索到常态化应用，经历了漫长曲折的实践发展。与现代信息科技持续创新和普及紧密相关，也深植于我国高等教育事业蓬勃发展的土壤。发展征程根据使用者需求和建设目标不断递进，教学管理信息系统开发平台和应用环境不断转变。

（一）以手工操作为主，单机软件处理为辅的教学管理阶段

20世纪90年代初期，我国国内的计算机软硬件设施相对匮乏，尤其是计算机网络资源方面存在较大短板。在这样的背景下，国内高等院校的教育管理工作基本仍然依赖传统的手工操作方式。尽管绝大多数高等院校已开始在教学管理过程中利用计算机进行辅助，但这些应用多限于文件处理等基础操作层面。随着微软公司旗下的 Windows 3.2 中文版单机视窗操作系统被成功引进我国市场，那些教学管理规模稍大的高等院校逐渐开始对基于平面文件数据库的开发系统（如 Fox Pro、Paradox 等）进行探索，尝试通过它们开发具备特定功能的单机教学管理软件，以实现对学生学业成绩或学籍档案等特定领域的辅助管理工作。然而，这些基于平面文件数据库的开发系统在设计之初就存在诸多不足之处，导致由其开发出的应用程序在容错性能和参照完整性方面表现较差，其兼容性也无从谈起。此外，由于存储数据的平面文件在操作系统级别的机制存在局限，使得它们极易发生数据丢失和泄露事件，并容易受到计算机病毒的侵袭，难以满足大量数据处理和数据保护的需求。同时，由于单机平面数据文件无法提供有效

的数据共享和并发访问处理，所开发的教学管理软件所处理的信息呈现出孤立且单一的特性，各相关部门在教学管理工作中仍然依赖大量的人工手工操作。因此，这个阶段可以概括为以手工操作为主，单机教学管理软件为辅助的模式。

（二）基于单机处理和数据文件服务器共享相结合的教学管理阶段

21世纪初以来，随着计算机网络科技的迅猛发展，尤其是全球知名企业如美国微软公司的Windows NT和Novell公司的Netware等领先网络操作系统的投入使用，教学管理从单纯的单机信息处理向优良的文件服务器信息化管理转型开始受到越来越多的关注与推动。微软公司推出的创新型视窗单机操作系统Windows 95在个人电脑领域取得的巨大成功，无疑也极大地加速了这一转型过程。

在校内，各相关职能部门通过使用集线器或交换机等先进网络通信工具，连接校园内众多的计算机装置，构建起一个封闭的内部电脑网络，使其能够在特定范围内进行基本的数据交流和文件共享，从而对推进校内教学管理信息化方面的资源共享和整合发挥了积极作用。在这样的电脑网络环境中，信息的交换与共享通过单个数据文件的方式实现，各管理部门仅将自身单机管理软件中的部分重要数据上传至文件服务器供其他部门下载和访问，完成特定的数据导入和导出功能。这种共享模式并未采取中央服务器集中存储、运行和管理统一数据库来满足所有用户需求的设计方式，因此在很大程度上降低了教学管理信息资源的访问效果。

此外，由于共享的数据文件属于离线且非实时状态，各部门实际管理的最新数据以及已被其他部门下载访问过的共享数据往往无法保持高度一致性。因此，信息不对称的现象极大可能会出现，而且各部门的单机教学管理软件在大多数时候仍主要承担着数据格式转换的任务。在这种共享模式下，还存在着单机管理数据诸多不足之处。

（三）基于 Client/Server（客户机/服务器）架构的教学管理信息化阶段

20 世纪晚期至 21 世纪初，随着美国 Intel 公司推出的 Pentium III、Pentium 4 系列处理器的问世，服务器与个人电脑的硬件设备全面更新替换，呈现出崭新的面貌。同时，规模庞大的关系型数据库管理系统，如 Oracle、SQL Server、DB2 等，以及可视化开发工具如 Delphi、Power Builder、Visual Studio 等的问世，共同促进了高等院校教学管理信息化全新架构平台的研发，即 Client/Server 架构。该架构将任务巧妙分散到客户端与服务器端，有效降低了整个系统的运行负担，充分发挥了双方硬件设备的效能，并科学调配网络资源。

然而，随着单机操作与数据文件服务器共享逐步融合的教育管理信息化处理模式无法满足高等院校日益增长的教学管理需求，许多高校开始积极寻求以 Client/Server 架构为基础的教育管理信息化建设之路。

Client/Server 架构站在全局高度，有机结合各教育管理部门的使用需求与目标，精确规划了教育管理信息系统所需的核心功能。尤其强调并增强了实现教学管理核心业务处理模块的功能，以满足各部门的实际使用需求。该架构在教育管理信息化建设方面取得了历史性突破。然而，由于该架构要求所有运行教学管理信息系统的计算机安装相应的客户端程序，尤其是对于两层机构的 Client/Server 架构，客户端有时还需要安装像 Oracle 这样的大型数据库管理系统的客户端连接程序。再加上架构对终端连接数据数量的限制，导致维护和管理 Client/Server 架构软件的成本相对较高。这些因素直接限制了采用该架构的教育管理信息系统的服务受众范围，无法提供更广泛的信息化服务。然而，基于 Client/Server 架构的教育管理信息系统的搭建对高等院校教育管理信息的进步和发展起到了关键的作用，至今仍然是教育管理信息化建设和实践中不可或缺的一环。

（四）以浏览器/Web 服务器（Browser/Web Server）架构为主，客户端/服务器（Client/Server）架构为辅的教学管理信息化阶段

Client/Server 架构的广泛应用极大地推动了教学管理信息化工艺的发展；然而，随着高等院校规模的急剧增长，教学管理信息化面临着服务对象数量激增的挑战，并且教学管理信息化的目标已不再局限于简单的管理职能，而是更深入地为师生提供全面丰富的信息化服务。然而，Client/Server 架构的存在使得每台连接到网络的计算机都必须安装特定的客户端软件才能访问服务器中的数据，这给为数众多的师生提供多样化教学信息服务带来了相当程度的挑战。

在这一时期，伴随着互联网技术的兴起和发展趋势，Client/Server 架构得以改进和转变，衍生出了浏览器/Web 服务器架构的全新模式。在这个新模式下，教学管理信息系统主要包括客户端设备、Web 服务器和数据库服务器三个重要环节。借助新兴的 Web 开发技术，如 J2EE、NET 等，将主要的业务处理逻辑封装在 Web 服务器和数据库服务器端，少量事务处理逻辑则通过 JavaScript 等脚本语言封装在客户端。大部分功能都可以通过现代的 Web 浏览器实现，而无须烦琐的客户端专用软件。

值得注意的是，广泛使用的操作系统如 Windows、Linux、Macintosh OS 等都内置了 Web 浏览器，因此在浏览器/Web 服务器架构下，客户端访问服务器变得异常简便。只要具备访问校园网的条件，就可以轻松通过 Web 浏览器访问教学管理信息系统。若校园网无 IP 地址等限制，那么任何互联网终端都可随时访问系统。这种广泛的信息服务范围充分展示了浏览器/Web 服务器架构的显著优势。

尽管从当前的开发技术角度来看，该架构仍然存在待完善之处，特别是在处理大规模数据、连续访问行为和复杂业务逻辑的能力方面。此外，

由于该架构建立在广域网乃至全球互联网的基础上，面对未知的用户群体，相较于 Client/Server 架构，其在信息安全控制方面的效果稍逊一筹。

教学管理信息系统对于上述方面有着极高的要求。因此，至今主流的教学管理信息化建设方式是充分结合两种架构各自的优点。外部主要以浏览器/Web 服务器架构为主轴，为广大师生提供各种广泛的信息化互动服务；内部则以 Client/Server 架构作为补充手段，专注于实施集中化的信息管理与维护工作。两种架构相辅相成，为教学管理信息化建设提供了实用且成熟的解决方案。以上便是我国高等院校教学管理信息化建设进程的概括。

四、高校教学管理信息化建设的应有成效

我国各大高等院校积极推进教学管理信息化进程，旨在与高等教育事业的快速发展同步，力求提升教学管理效能，实现管理的科学化和规范化，为新时代高校人才培养品质提供可靠保障。因此，我们需要认真探讨和总结高校教学管理信息化建设预期能取得的实际成果及深远影响，以便深入了解和分析当前阶段高校教学管理信息化建设可能面临的问题，这对于指导我们制定更加准确的对策和参考方案具有重要意义。通过深入学习教学管理信息化建设领域的相关研究资料，并结合个人多年从事该事业的实践经验，笔者深刻认识到，优化的高校教学管理信息化建设需要满足多个关键要求，包括但不限于以下几点：

（一）教学管理信息化地位突出

教学管理信息化在整个学校教学管理职能中所扮演的重要角色和突出地位，是评估高校教学管理信息化建设成果显著性的关键指标之一。尤其值得强调的是，教学管理信息化的突出地位表明学校决策层已经认识到信息技术在提高教学管理效率和质量方面的巨大潜力，将其视为改善教学管理水平、提升人才培养品质的重要举措。这体现在积极构建适应教学管理

信息化建设的政策、组织机构和完善的管理制度等人文因素上，以满足建设需求。此外，校方实施教学管理信息化建设所需的财政投入和人力资源等战略资源，也应符合教学管理信息化建设进展的相关规定。

（二）教学管理信息系统运行效果优良

教学管理信息系统是教学管理信息化建设整体应用解决方案的核心所在，其运行效率直接影响着教学管理信息化建设的成败。因此，优质的教学管理信息系统应具备高效稳定的运行特性，成为完善教学管理信息化建设的首要目标和核心特征。要确保教学管理信息系统高效稳定地运行，至少需要具备以下三个显著特征：

1. 在软件层面上，所选择的系统应处于技术前沿，功能设计应全面完善，用户操作界面应简单易学、易于掌握。此外，系统还应高度适应学校特定的教学管理流程，全面覆盖学校教学管理工作所需处理的各类具体事务，实现智能化操作，极大地减轻教职员工处理日常教学事务的负担，最终实现高效操作。

2. 在组织机构方面，学校的信息化建设布局应完善且组织层级清晰，由校行政领导亲自担任信息化组织机构的政府责任，并设立专门的执行机构。这样做能够从机制上保障教学管理信息化建设的长远规划和持续引导，为教学管理信息系统在全校范围内广泛应用提供强大的支持。

3. 在配套制度方面，学校制定的相关配套制度应完善，为教学管理信息化的实施推进建立规范、透明、公正的基础。全面翔实的教学管理信息化相关配套规章制度不仅能够规范和约束教学管理信息系统的正确使用方式，确保教学运营数据的真实有效性，同时也能够推动各种教学管理服务环节的标准制定和执行，便于快速发布相关教学管理服务资讯，接受社会各界监督，进一步保证教学管理信息系统长期稳定运行的连续性和透明度。

（三）教职员工适应信息化工作环境

作为教学管理信息化建设的主体和最终受益者，全院教职人员是否能够顺利适应信息化的工作环境，是衡量高校教学管理信息化建设成效的重要指标之一。优秀的教师团队应具备以下特征：首先，他们应具备扎实的信息技术应用技能，熟练运用现代信息技术进行教学活动，并能灵活利用教学管理信息系统完成各类教学管理任务；其次，他们应具备良好的信息素养，积极主动地运用现代信息技术进行教学研究和教学管理任务，并乐于体验教学管理信息系统所带来的高效率和便捷性。

（四）信息化服务比较完善

全面而细致的信息化服务体系是高校教学管理信息化建设取得卓越成果所必须达到的高级阶段的要求。高等教育的教学管理信息化建设不仅旨在解决教学管理中的各种问题，实现各项核心管理职能，减轻教师从事教学管理工作的繁重负担；还应满足广大师生对多元化信息化教学服务的需求，推动教师教学素质的提升和学生的成长进步，促使教学管理部门的基本职责从单一的管理功能向更加注重服务职能的转变。

五、高校教学管理信息化发展趋势分析

（一）现代教学管理的发展趋势

1. 教学管理的开放程度显著提高

"开放"一词用于描述系统与其所处环境之间物质、能量、信息以及人力资源等各方面的交流互动状况。在电子信息技术不断发展的当今时代，教学管理的开放特性主要体现在教学管理环境以及教学管理过程两个层面上的开放特点。

（1）教学管理大环境呈现出更加开放的状态

环境的概念涵盖了人类生存所需的一系列外部存在的综合环境因素。而在谈到教学管理环境时，我们所要强调的则主要是指学校教学管理各项活动所特需的各种客观条件的汇聚总和。尤其值得注意的是，随着信息高速公路建设这类以信息科技为主导力量的巨大变革，高等教育机构的管理环境受到了深远影响，这无疑进一步改变了高校教学管理的工作环境。在电子化信息环境下，高校教学管理环境所展现出来的开放特性主要表现在整个大学管理大环境逐渐趋于开放。利用互联网作为管理的重要工具，各大高校已经研发并上线了许多基于网络平台的管理应用程序，例如网络招生和录取系统、在线选课系统、在线就业系统、教务管理系统以及多媒体教学系统，等等。在这样一个日益开放的环境下，高校内部之间以及高校与社会各界之间的沟通交流途径和方式配置愈发丰富多样，二者间的关联性也日益增强，使得教学管理环境的开放程度得到极大提升。同样在这种背景之下，学校各个行政管理部门以及各教学管理部门之间与广大师生之间的接触距离也在逐步缩短，这无异于进一步增强了整个教学管理环境的开放性。

（2）延展性与开放性共存的教学管理流程

教学管理流程是一项以预定策略为中心，涵盖多个层面且立足于双向协同活动和交互互动的主动过程。这一流程不仅是一个合理统筹配置教学资源、确保教学目标得以成功实现的重要手段，更是一次有条理、可操控的动态历程。在信息化环境下，教学管理流程的延展性主要体现在如下几个关键的方面。

①学生群体的开放性呈现出显著特征。随着信息化大潮的推动，当今的高等院校类型繁多，多元化的学习机会使得大学的门槛进一步放宽，对各个年龄段的公民来说，只要具备相应的知识储备，便有可能通过考试或

免试的方式进入各类不同的高校进行学习。

②教师队伍呈现出高度的开放性。作为学术殿堂的守护者，各个高校纷纷向世界各地广泛吸纳优秀人才。某些教师可能会同时身兼数职，受聘于多个单位。同时，教师的授课教材也会在网络平台上进行公开发布，供广大师生及对此感兴趣的人士学习，这种分享式的教学资源增加了教师单位所有制的开放广度。

③课程设置的开放性也是一道璀璨的风景线。高等教育体系中的课程不仅仅对本校学生开放，同时也向其他院校乃至全球学生群体开放，众多课程上线互联网，为全球学生提供在线学习机会。

④学籍管理制度的延展性是其显著特色之一。学生在进入校园后，可以根据自身兴趣和教师的建议，自主决定专业方向、选修课程等学习规划，并根据一定的规定进行相应的调整和变更。

⑤教学过程的开放性同样引人注目。随着信息化技术的普及，教学过程势必演变为一个开放型的系统结构。通过网络平台，学生可以实时获取最新的学科研究成果，并与外部世界保持持久的对话关联。在这种开放性的系统架构下，教学过程将不仅是向学生传授知识，更是引领他们学会学习，并在此基础上创新求变。展望未来，教学系统将不再仅仅局限于实体校园或虚拟网络上，而是可能形成一个综合性网络环境，以信息节点、教室地理位置以及学生个性化区域为核心组成。

2. 教育教学管理的协同合作关系日益增强

随着信息科技的迅速进步和互联网技术的逐步成熟，各种层次、领域的交互和沟通变得更加便捷。计算机技术作为协作共事的重要工具和途径，推动了各个层面间协同合作的频繁程度和强度的增加。信息流通量的增大和流转速度的提高，以及全球联网的紧密程度，使得机构、团体甚至国家之间的界限逐渐模糊化。在这种背景下，协同合作已经成为独立个体、群体、组织和国家之间的日常行为，高等教育教学管理也不例外。

（1）高等教育教学管理与社会环境的合作互动

教育与社会环境的紧密合作从未停滞过，然而在传统高等教育教学管理领域，由于通信技术和信息技术的不完善发展，合作的深度和广度相对不足。然而，信息时代的来临为高等教育教学管理与社会之间的深入合作创造了良好的机遇。随着现代通信技术和信息技术的发展，高校与社会的关联变得更加紧密，合作领域也得以拓展。高等教育院校需要了解社会对毕业生的评价信息、了解各种类型人才的需求动向、改善社会对高校资金的支持力度，并充分运用高校研究成果。相反地，社会环境也需要获取高校毕业生的学历证明、了解高校培养的人才需求情况，并积极运用高校的科研成果。目前已有许多高等教育院校与软件开发公司合作，共同研发能够满足学校教学管理实际需求的信息系统，同时，这些企业也能够从中汲取宝贵经验并应用于自身的软件开发能力。

（2）高等教育教学管理各方面部门之间的协同作战

为了提高教育教学管理的效率和水平，各高等教育学校之间的分工与合作显得尤为必要。随着信息技术的飞速发展，这种协同作战的行为将会日益增多。信息时代的到来开辟了全新的交流渠道，使得各高校之间的对话协调更为便捷。电子邮件的应用让教学管理人员摆脱了繁杂电话呼叫的烦恼，而电视会议的推行则大大减轻了行政人员的负担。如今，高校间教学管理的合作对象涵盖了招生、招募新教师、开设定期课程和正式学科等方面，而且还涉及管理问题的交流讨论和具体管理措施的实施等方面。

（3）教学管理部门与其他各行政机构之间的协作关系

在高等教育机构中，教学事务无疑是最为频繁且占据主导地位的日常工作之一。作为其中的核心业务环节，教学管理工作直接影响并支配到整个教育机构内部的诸多层面。然而，它需要得到教育机构内其他各类行政部门的积极配合和协同工作，方能充分发挥其关键性的引领作用，特别是在当前信息化背景下，这种协作关系显得尤为必要。信息时代赋予了丰富多样的信息和资源获取渠道，使得教学管理部门与其他行政机构间的合作形式更为多元化。具体而言，这种合作主要体现在以下两个维度。

①教学管理相关信息及各种资源的整合与分享。以学生事务管理为例，涉及诸如教务处、学工处等多个职能部门以及学科专家团体等多个利益相关者。同时，教学管理还涉及对教师的多层次、跨部门的管理，包括但不限于教务处、人事处、科技处以及科研委员会等多个重要机构。不同管理机构在管理过程中可能会使用相同的数据资源，因此，如何合理划分职责权限并确保数据采集的准确性，从而避免重复劳动，成为当前合作的一项重大挑战。

②合作关系的深化也体现为管理人员之间的密切互动和配合。随着信息技术的普及和发展，其已逐渐渗透到各个行政机构的日常工作中，为各类成员提供了更便捷、高效的沟通途径。在应对危机或突发状况时，一个特定的行政机构甚至可以根据实际需求向其他管理机构请求援助（例如临时调配人力资源），以共同推进任务的圆满完成。

3. 高等院校教学管理逐渐转向柔性化策略

柔性管理，相对于严格的刚性管理，其独特之处在于灵活性。著名学者泰罗所倡导的科学管理学派，是刚性管理的典型代表。刚性管理以严格的制度规定为指导，通过纪律监督及强制措施等手段来实现。其核心原则是依托于既定的规章制度进行严密而有序的组织调控，即所谓的"以规章制度为本"的管理理念。相比之下，柔性管理更加注重激发员工的积极性，借助启示、引导等方式进行管理，强调依据组织共同的核心价值观以及特定的文化氛围和精神气质开展人性化的管理视角。在信息科技高度发达的今天，高等院校的教学管理正在逐步走向柔性化，具体体现在教学管理架构的柔性化、对师生关系的柔性化处理两个重要领域。

（1）教学管理架构逐渐走向柔性化

目前，多数高等院校的组织结构相对臃肿，存在职能交叉与模糊不清的现象。基于西方模糊教育管理模式，这种模糊性被视为各类复杂组织普遍存在的特质。随着社会的快速变迁，尤其在网络时代中，这种模糊性特征愈加彰显。这种模式指出，高等院校缺乏明确的管理目标和规范的流程设定，不仅决策参与者的数量难以固化，而且决策结论亦可能受到外部因素变动的影响。由于具备上述特质，组织管理活动呈现出复杂性与不可控性。面对信息科技迅猛发展引发的管理环境急剧变革，高等院校现有僵硬的教学管理架构显然无法满足新的需求，因此，教学管理架构逐步走向柔性化势在必行。所谓教学管理架构的柔性化，就是指组织架构具备较大的弹性，能够针对实际需求进行灵活调整。具体表现包括以下两点：首先，教学管理组织目标的灵活调整。身处信息社会的高等院校，其面临的管理环境时刻发生着变化，教学管理组织目标也必须随之调整，以适应各种需求。其次，机构设置和人员职责的应变能力。在不断变化的环境下，教学管理工作不可避免会遇到诸多无法预见的状况，为了更有效地应对这些突发事件，教学管理部门需具备弹性调节能力，对管理人员的职责进行实时调整。

（2）教师和学生管理走向柔性化

对于教师管理与学生管理的问题，柔性化策略主张依据人们内心深处的情感需求和行为习惯，通过非强制性的方式在教师与学生心中树立影响力，进而将组织的期望转化为他们自主自愿的行动。高等院校中的教师群体大多属于高知人群，他们思维敏捷，乐于接受新鲜事物，对于问题往往有自己独到且深入的见解，同时也拥有独特的个性特色。在网络时代的背景下，他们可以迅速从互联网上获取所需信息，对各类事物的认知极为精准，洞察事物本质。因此，仅靠绝对的规则和制度进行强制管制是无法奏效的，只有在此基础上大力强调他们的自律性，尊重他们的价值观，认可他们的辛勤付出，积极发掘他们的智慧潜能才能达到理想效果。例如，在教师授课环节，不应该强求每位教师采用固定单一的教学方法对待每个学生，对于教师教学工作的评估同样不宜单纯采取数字化或标准化的统一指标进行衡量。

对高等教育领域内的学子来说，柔性化管理的具体体现主要集中于如下几个关键环节：

①关于人才的培养规格，在当前这个信息时代里，对各类人才的需求变得日益多元化与复杂化。这也意味着，各大高校在此背景之下，应当积极推动并实施更为多样、全面且立体化的人才建设计划，从而更好地适应并满足这个时代对于各类人才的渴求。

②在教学计划设计方面，由于信息化时代的飞速发展，知识的更新换代速度较以往大大提升，因此，欲使高等院校所培育出来的人才能适应信息社会持续进步的要求，就必须要在教学计划的制订阶段采取更为灵活的策略，重视对学生实际能力的培养，为广大学生提供更加丰富多元的选择自由。例如，学生在进入大学前，无须经过严格的主修专业筛选，只要先行修习一定量的基础课程，接下来便可根据自身的兴趣爱好进行自主选课；同样的一门课程，针对不同学科的学生可能会有相应的不同要求予以体现。

③在评估体系方面实行柔性化的管理。我们并非要求每位学子均成为某个行业或某领域的顶级专家或是卓越领袖，而是期望每位学生都能具备其专精的一技之长。对于来自不同类型和层次学校的学生，我们则应建立多元化的评价标准及不同的测评手段。

（3）柔性管理在高校教学管理中的特点体现

柔性管理在高等教育教学管理中的显著特性显得尤为突出，其主要表现包括以下几点：

①灵活性的体现。任何管理模式如果缺乏灵活应变的能力，都将无法应对瞬息万变的现实环境挑战。在高等教育教学管理中，柔性管理的引入可确保师生间的良好沟通与交流，确保言行举止得当；不仅如此，柔性管理还更关注并强调纪律约束，遵循"以人为本"的核心理念，坚持"以学生为主导"的核心原则，使得纪律制度更加贴近人性化的运作机制，同时也有助于促使学生更加积极主动地参与到更高质量的课堂教学活动当中，进一步巩固并提升他们的自我管理意识。

②体现出一种人性化的特质。在传统的教学管理模式中，往往采用一套基于"科学"原则的刚性管理方式，这种管理方式往往以自上而下的规则和流程来推动，虽然对于规范化企业管理具有某种优势，然而它却严重限制了师生个人独特性的展示和发挥，无法满足社会各界不断发展的更高要求。在此背景之下，人性化的管理模式显得尤为重要。我们应当充分认识到学生之间存在的各种差异，始终秉持"因材施教"的方针，不断发掘并提升学生潜在的能力。同时，在人性化管理准则下，我们应该积极承认并尊重教师在整个课堂管理过程中的核心地位。

③我们必须认识到多元化的重要性。多元化同样可以被视为柔性管理的重要特性之一。

a. 其最明显的标志在于对参与者资格的多元化，即组合的多样性，充分整合分析学生及其教师，以及所有学习内容，达到全面覆盖、有条不紊的效果，并始终保持"以人为本"的核心理念，统筹和协调教学管理期间的各项关键要素。

b. 在于推动多元化教学互动环境的构建，切实增强师生间的交流与互动。

c. 体现多元化的知识传递形式，以此在师生之间构建一种双向的知识循环交流模式，强化学生间的互动交流；同时教师也要注重知识传递与情感交流之间的协同作用，这样才能构建一个持续变动的动态教学管理过程。

4. 高校教学管理趋于虚拟化

高等教育领域的教学管理逐渐走向虚拟化趋势，这一概念源于计算机科学领域，用以描述通过软件实现并运行的产物，其并非以物理形式实实在在地存在。在本节中，"虚拟化"更多地指向了"虚拟现实"，这种技术以高速现代化电子计算机为核心的信息处理设备及微电子传感技术共同构建或模拟出的与真实世界有一定相似性的逼真图像场景。虚拟现实强调为每位个体提供个性化定制的局部现实世界的模拟系统，用户通过控制代表自我的数据来体验类似于实际世界的环境。

在信息时代的背景下，高等教育的教学管理逐步走向虚拟化，主要体现为以下三方面：

（1）管理主体和管理客体的虚拟化。在信息技术支持下的教学管理中，管理主体的虚拟化意味着，通过计算机及其网络进行教学管理时，主体实际上只需操作代表自身的数据便能完成相应的管理任务。然而在外在认知角度上，主体仅是电脑创造出来的形象，在互动或管理时被视为一种机器或者是网址代码、角色符号，而非真正意义上的人或组织。管理客体的虚拟化涉及教师、学生和组织等的虚拟化过程。对使用网络进行管理的教学管理主体来说，所面对的客体实质上是一连串的代码、一系列虚拟化的人物标记，而非真实生动的人物或组织。在信息化教学管理中，教师与学生可能从未见过面，他们所接触的仅是一列列符号代码，通过计算机直接发送指令来开展学习和工作。

（2）教学管理环境的虚境化

教育行政作业环境，即学校教学行政所需的各项客观条件的总称。随着信息化潮流的冲击，大学校园的教学行政环境以广域网为基础，依托虚幻的互联网空间和现实世界的物质空间，构建了一个名为"虚拟现实"的无边界信息领域。这个虚拟信息领域为人类开辟了一个超越传统疆界的新活动空间，人们在这个无垠的网络天地里逐渐塑造了新的生活规则、生活模式和思维观念。在信息化环境下的大学教学行政环境，正是这样一种超越实体限制的虚境环境，使得教学行政进入了虚实共融的境界。例如，综合性教务管理系统和多媒体教室管理系统就是这类虚境化教学行政环境的典型实例。

（3）教学资源的抽象化

教育资源是支持教学实施的全部物质基础。传统大学的教育资源主要以实物形式呈现，然而在信息化时代，许多教学资源可以通过计算机软件实现虚拟化。在教育行政信息化的趋势下，形形色色的教学内容如虚拟学校、虚拟教室等得以诞生；面对教学资源紧缺或实验条件受限等问题，我们可以利用计算机软件虚拟出研究室、实验材料（如数字化动物、电路板等）、实验器具以及实验环境（如虚拟的太空星系等场景）。对于无法在实际环境中进行的训练（如宇航员培训），我们可以依托计算机技术和其他科技手段创建虚拟的训练环境。

5. 教学管理的互动性增强

互动性是指涉及人与人、人与物以及物与物之间的双向沟通和交流的行为活动。这种互动性是网络的核心特征之一，通常分为同步互动和异步互动两种形式。同步互动指交流双方同时存在，能够实现即时反馈；而异步互动则表示交流双方无须同时在场，也不必立即得到反馈。在大学教学行政中，互动性指教育行政主体之间、教育行政主体与受众之间，以及受众之间通过持续的双向交流最终达成某种管理活动目标。传统大学教学行政的互动方式以同步互动为主导，强调实时交流，大多数情况下（例如各类报表和文件的提交）要求交流双方必须同时在场参与。然而，在信息化环境下，基于校园网构建的管理平台的互动性更为卓越，从而使得大学教学行政主体之间的互动性达到更高频、更多样化的程度，主要以异步互动形式为主导。在教育行政主体之间，如果一方计划发出指令或对特定个体进行引导，可以在任何时刻通过网络发布命令或向后者留言，而不会干扰另一方当前的工作进程。每位成员需要定期检查来自其他渠道的留言或信息，并做出相应回应。同样，教育行政主体与客体之间、教育行政机构与外部环境之间也同样具备这种互动性。

（二）教学管理信息化的发展趋势

随着现代教育体制改革的深入推进以及教育理念的转变，教学管理信息系统（TMIS）在高等院校教学管理领域的广泛普及和应用引起了广泛关注。教学管理信息化呈现出以下几个明显的发展趋势：

1. 数字化转型趋势显著

在日常的教学管理实践中，数字化数据的采集、统计和分析已成为不可避免的趋势，这极大地简化了相关工作流程。同时，传统的非数字化数据，如文本、图片和语音等，也需要数字化处理，以便进行信息的录入、处理和传输。现代信息技术的广泛应用使得教学管理的各项具体业务得以数字化呈现。过去需要大量人力物力的手工采集数据和报表的工作现在可以通过校园网络的信息流转功能来完成。另外，将所有信息转化为数字形式之后，用户可以通过校园网络进行零距离的文件传输或指令传达，各个职能部门也可以直接从中央数据库获取所需数据，加快了信息的流通速度、扩展了信息共享覆盖面并提升了信息利用效益。

2. 网络化发展势不可挡

现代信息系统的出现有效地解决了教学管理信息传递手段现代化的难题，使得教学管理部门可以借助计算机网络平台顺利实现信息交流与知识分享。网络化首先意味着构建基于 C/S 模式的教学管理网络架构，通过建立高效连通的校园网通道,使得校内各教学单位、教研室、教务处以及相关职能部门的管理计算机之间可以进行文件传输、资源共享和信息检索等操作。其次,网络化还包括将校内各个院系、职能部门的计算机网络合理关联,实现教学管理子系统的数据互通和交互流通。此外,网络化还意味着广泛互联的局域网、校园网与整个互联网之间的接触和融合,使得高校教学管理领域形成一个内外紧密相连、超越时空限制的网络化平台。通过网络化,教学管理者与社会各界人士可以无缝对接,更直观地了解现实社会对人才类型的需求动向,进而进行高校应届毕业生就业指导等活动。网络化为教学管理信息化提供了广阔天地,在节约工作成本、提升工作效能方面具有无可比拟的优势。

3. 智能化特性

随着信息时代的来临,现代教学管理信息化系统不仅充分利用了多媒体技术、人工智能技术以及数据库等尖端科技手段,而且紧密结合了计算机网络这一强大平台,构建了一个充满智能化理念的教学管理环境。在信息系统的总体架构设计层面,我们强调了借鉴人工智能领域的搜索推理机制,并融合了数据库理论及相关算法,采用了模块化结构设计策略,以实现对各类信息的实时且全面处理。此外,各种教学管理流程和日常业务都形成了完整的体系,同时为多个子系统间的信息交流与相互转化构建了可靠的接口。例如,涉及教学任务和教学行政管理的子系统可以通过一款集成了智能化模块的专业软件程序,自动生成授课时间表及考务安排。值得一提的是,此信息系统借助于计算机的多种高级编程语言,模拟人类复杂的思考过程,进行必要的逻辑推理,从而智能化地进行各项管理操作及决策制定。另外,它的智能化性能使其具备了日益增强的辅助评估、决策功能,对于包含较多随机性、模糊性信息,同时决策过程并非固定结构的教学管理工作,无疑具有重要价值和实用性。

4. 扁平化趋势

在过去,传统的教学管理通常按照韦伯(Weber)所阐述的科层制组织原则建立起来,导致权力、资源与信息在纵向上的差异明显,呈现出一种典型的垂直线性分布格局。然而,教学管理信息化系统(TMIS)、校园网络以及互联网等高科技工具的广泛应用,使得教学管理信息的传递方式发生了显著变化,原先的垂直模式逐渐向网络互联模式转变,从而成功消除了大量的中间管理层次,使得整个教学管理组织架构呈现出扁平化趋势。总体来看,科层制形式的教学管理组织因分工过于细致、层次过多,这显然会极大地影响教学管理的整体效率。另外,层次过多的组织往往伴随较大的惰性,使得信息传递易于出现错误和失真的情况,难以促进组织内部的学习过程,也不利于将具有创新精神的人才安置至最佳的工作岗位。因此,采取扁平化的教学管理组织架构已经势在必行,而信息技术则正好为此提供了技术上的成熟解决方案。通过使用 TMIS 和其他自动化设备,我们可以解放教学管理团队的大部分劳动负荷;TMIS 的信息传输迅速、便捷,且具备网络交互性特征,由此大大拓宽了管理横截面,部分中间教学管理机构得以撤销;最后,通过释放基层教学管理人员的积极性,为他们提供广阔的发展和创新空间。

5. 协同作业模式

教务管理机构原本奉行亚当·斯密(Adam Smith)所提出的"分工出效率"的理念,即依据专业职能分配职责,各司其职。然而,随着教务管理架构从单向垂直型转向扁平化的网络互连型,基于专业分工的工作模式已无法满足管理需求,进而对教务管理者提出更高的综合知识和技能要求。原有的教务管理结构的烦琐性逐步转化为教务管理人员的知识技术结构的复杂性,并借助分布在学校各部门、各院系的教学管理信息系统(TMIS)进行支撑。这种交叉影响的特性要求我们突破职位的限制,不再围绕着教务管理职能来组织工作,而是以任务为核心来安排任务,构建成一系列的任务网络。每个教务管理人员不再作为轮轴上的齿轮,而是网络中的节点,能够便捷且协调地进行协同作业。借助TMIS将各种教务管理工作整合到一个统一的平台之上,负责各项工作的教务管理人员得以进行有效的协作。过去由于教务管理人员忙碌于其他事务或者不在日常工作地点,导致其负责的事项无法正常运作的问题如今已有望被杜绝。

6. 虚拟化治理

在教务管理中,许多常规性的工作可交由计算机系统及TMIS的终端设备完成,使得教务管理部门及教务管理人员逐渐"虚拟化"为信息系统网络和计算机体系的一部分。教务管理人员可在校园任意地点甚至在校外处理大量的管理决策工作,再利用网络技术传送至相应的岗位。这种新的教务管理实施方式不再依赖传统的物理联系,如固定的办公室场所或工作时段,反而塑造了虚拟办公环境,使得高等教育教务管理呈现出虚拟化格局。教务管理组织的虚拟化实际上是指教务管理组织内部高度的网络化,通过运行于校园网和互联网的TMIS终端,将教务管理与社会环境、教务管理者以及教务管理者与师生相互紧密关联,使得教务管理组织体制能够将大部分物理空间转变为数字化信息,减少实体空间占用量,进而提高教务管理效率。这种虚实相间的教务管理职能灵活性较强,可根据实际需求进行持续调整,同时其服务对象和服务时间也具有一定弹性。

第二节　构建教学管理信息化新模式

一、教学管理信息化新模式理论分析

(一)教学管理信息化新模式的内涵

高校教学管理信息化新模式,是指在当代创新教育理念的指导下,秉持着以资源与服务为主导的教学管理理念,依托于先进的网络环境和丰富的教学资源，运用科学严谨的信息管理理论和高效实用的信息管理方法，充分关注外在环境的变化以及各种信息的获取，井然有序地组织与调配各类教学信息资源，构建出一个涵盖教学计划制订、教学过程组织、教学质量控制、行政事务处理以及学科建设、专业培育、课程开发、师资队伍建设和教学管理规范等各个环节的资源丰富、在线决策与学习、智能化评估与引导相结合的互动式教学管理一体化体系。其核心在于利用现代信息技术实行信息化的教学管理活动，进而有效率地达成设定的教学目标。教学管理的范围涉及教学计划管理、教学过程的组织与控制、教学质量管理、教学、学科建设与专业建设、课程设置与教学团队建设、教学辅助设施建设、教学管理规章制度等多个领域。教学管理所借助的手段主要基于在线学习理论基础，广泛采用信息技术、网络技术以及普适计算技术来实施教学管理工作。

（二）教学管理信息化新模式构建的目标

构建教学管理信息化新模式的最终目标是：倾力打造一流的数字网络基础设施作为支撑环境，充实数字的教学资源，优化数字化的教学和学习环境，改进数字化的管理手段以及优化工作环境，实现真正的数字化学习、数字化教学、数字化科研和数字化管理。进一步地，我们还期望建立起区域性合作与服务的数字化平台，构筑数字化的校园福利空间，全面实现教育的信息化和现代化，为未来创新型人才的培养创造一个坚实可靠的全方位支持基础和完善的条件保护措施。

具体到构建这个庞大的信息化服务支撑平台而言，我们把它分解成了四大子平台，即网络平台、共享平台、服务平台和统一的信息门户。服务平台包含了诸如学生思想工作管理平台、学科专业管理平台、数字化教学与学习服务平台、人才培养质量监控评价管理平台、资源管理平台、学生数据交换平台、网络学术创新平台、科技服务协作平台以及研究生学位论文在线管理平台等多个层面的重要功能模块。

（三）教学管理信息化新模式构建的原则

1. 基于观念引领和流程规范的导向

教育理念作为驱动实践活动的意识形态和指导纲领，对执行者的行为产生深远影响，是一种精神动力源泉和价值期待表现。教学管理信息化新范式的创建不仅是引入信息技术，更需要革新教育观念、调整教育体制、完善教学方法，以实现信息化教育理论引导下的硬件设备建设、资源开发和应用工具开发。

在构建教学管理信息化新范式的过程中，必须严格遵循规范化操作，规范项目确立与策划案的制定、项目的具体实施、验收与评估等各阶段步骤，确保其能够成为信息工程规划、设计、建造以及验收的重要参考标准。规范化操作可以避免因缺乏规范化建设流程而引发的诸多问题，如设计结构欠佳、性价比较低、长期投资重复、运行性能不足、维护难度加大等，从而阻碍教学质量的提升及其长远发展。

2. 以全局思想划定科学合理的发展蓝图

教学管理信息化新范式的构建应基于整个社会的信息化建设规划，将下属的规划融入上级规划之中，确保局部规划与整体规划相一致，采用分类指导与分层推进的策略，分阶段逐步实施，避免各自为战、各自为政的现象。

范式构建初期，必须进行全面的总体规划。校园网作为支撑学校信息化教学环境的重要基础设施，承担着为学校的教学、管理、日常办公、内部沟通和外部交流等提供全方位支持的任务。校园网应具备教师教学模块、学生学习模块、教务管理模块、资源信息模块、内部交流模块以及协助课程整合的教育装备管理模块、行政管理模块等功能。

然而，这些功能无法一蹴而就，需要综合考虑学校的经济状况、资金流向及使用人员的专业素养和操作技能等因素，采用分阶段实施的策略，将宏大目标细化为多个子目标，每一个子目标又可以进一步分解为多个阶段性目标。对建设而言，要坚守经济适用性原则，合理配置资金资源，兼顾可持续发展的理念，依据学校的经济条件和应用需求，分段有序地推进，切莫盲目追求"一步到位"，而应将宝贵的资金投放到最为紧迫需要的领域。

3. 以实践应用为驱动，优先考虑成效

教学管理信息化目前面临着推进积极性不足的被动局面，但可以借助校际资源共享，搭建资源联盟，发挥出集体合力的优势，积极寻求资源建设的创新方式，推动教学管理信息化的实际应用，走出应用驱动的战略路线，推动教育信息化的快速发展。

在教学管理信息化新范式构建过程中，必须从信息基础设施和信息资源两方面考虑构建的目标和方式，使得投入基础设施的资金能产生最大的效益。同时，软件资源建设应采取设立"资源联盟"的策略，降低信息资源的建造成本，推动节约型信息化的迈进，促进信息化应用的可持续发展，为构建和谐美好的教育事业贡献力量。

4. 秉持资源共享和够用实用的核心理念

在构建新型教学管理信息化模式时，必须从全新的视角审视信息资源的共享问题。除了高度关注软件系统的建设工作外，还应充分关注硬件设备及技术团队，以确保实现三个重要目标："统一网络平台、统一标准规范、数据充分共享"。在硬件和软件资源的配置过程中，应秉持合理高效的原则，高度重视使用效益，并强调硬件设施与教育教学的深度融合，促进信息化教学水平的提高和教育目标的明确。需避免追求高端、过度奢华，以免造成不必要的资源浪费。始终坚持"够用"和"实用"的原则，根据各学校自身情况制定符合实际需求的新型教学管理信息化模式。

5.实行配置标准与结构灵活相结合的原则

在新型教学管理信息化模式的构建中,严格遵守相关的国际、国内及行业标准和规范,制订硬件标准配置方案及软件实施方法,满足设计要求,奠定未来长期应用与维护的基础。考虑到信息技术领域的快速变革,确保信息系统具备较强的灵活性,能够顺利应对各项业务需求的持续演变。

6.体现系统稳定性与技术成熟的原则

对各类硬件设施及软件系统而言,稳定可靠是运行的首要前提。选用具备 7×24 小时不间断运行能力的服务器,采纳容错设计理念,确保整个系统能够安全、可靠地连续运转,为信息技术与课程整合提供充足支撑。在选择技术手段时,优先考虑普及和成熟度高的技术,降低建设成本,缩减建设周期,避免低水平的重复建设,广泛借鉴国内外成熟的产品和解决方案。

二、建立科学的教学管理信息化新理念

理念,即人们通过长期的理性思考和实践经验所形成的思想观念、精神追求、理想信念以及哲学信仰的总结。在信息化时代的挑战面前,高校需要积极开展教育改革,并深化管理革新。教学管理的关键在于管理理念、管理流程和管理目标的革新。从管理功能的角度来看,决策、组织、控制和协调等方面都存在着革新的可能性;而管理的全过程,包括决策、执行、监督和总结,也可能发生变革,但其中管理理念的先行变革是至关重要的。为了实现高校教学管理信息化和现代化管理目标,我们需要在以下几个方面创新教学管理信息化理念。

(一)建立"首席信息官"战略理念

随着我国高等教育逐步从"精英化教育"向"大众化教育"的历史性转变,许多大学都在重新构思教育理念和培养目标,以在激烈的竞争环境

中保持领先地位。教学是高校的核心业务，所有教育理念和培养目标都需要通过课堂教学充分体现在学生身上。因此，建立科学规范、高效合理的高校教学管理机制引起了院校领导的广泛关注。尤其值得注意的是，在许多实行战略发展规划的高校中，教学质量不仅是学校战略性发展的基石和保证，而且对衡量学校未来发展潜力至关重要。在全面实施战略管理模式的背景下，创新教学管理体制对于提升高校教学质量、实现战略发展目标具有深远的现实意义。

（二）改进管理方式、提高服务质量的理念

信息技术只是实现教育教学、科研开发和管理作业现代化的工具，而不是最终目的。信息化管理的核心价值在于为教学、科研和管理等工作提供智能化的工具和手段，以提高学校的整体教育教学质量、科研水平、管理效率和综合办学实力。在此过程中，以"以学生为中心"的理念，致力于"为教师服务"才是信息化管理的核心理念。高校的根本使命在于培育人才，因此我们应该运用信息化技术和手段推动教学、科研和管理领域的创新，实现高等教育的现代化进程，最终目标是为国家和社会培养更多优秀人才。

（三）科学管理和应用理念

在信息化管理中，核心并非技术，而更多地在于组织与管理。事实上，信息化的成功与否，技术只占其中的三分之一，剩下的七分之六取决于管理理念的实施。因此，我们需要认识到，应用是实施信息化管理的关键。然而，在现实中，往往会重视硬件设备的投入而忽视软件系统的建设。虽然有了昂贵的信息化设备，但若缺乏相应的管理理念和全面的信息技术能力，这些设备便只是形同虚设。因此，我们应该更加关注如何加强信息技术在管理领域的应用，提升全校师生员工利用信息及信息设施的能力，最大化地发挥信息技术设备的价值，推动整体管理水平的提升。

(四)共享理念

信息资源与数据共享是高校信息化管理的核心要素,也是成功的关键所在。管理信息化的核心在于实现信息资源的最大化共享,而信息共享的核心在于基础数据的共享。根据实践经验,信息共享机制的建立需要依赖技术、政策、资金和管理四个层面的协调配合。技术机制依靠健全的信息资源与数据技术标准,确保共享过程有序进行;政策机制为信息资源与数据共享提供法制保障;资金机制遵循"谁投资、谁受益"原则,促进双方利益的市场桥梁;管理机制通过人为干预与调节促进信息共享的行政手段,保障前三个机制的正常运行。

(五)以人为本理念

人类是管理活动中最主要的主体,信息化管理的决策、建设和推广都离不开人的参与。信息化管理的成功与否取决于人的素质与能力。在推进信息化管理的过程中,应激发人的积极性、主动性和创造精神,挖掘人员在信息化决策、建设及应用中的潜力。同时,需要加大对管理人员的培训力度,提高他们运用现代信息技术的能力,进一步提升高校的整体管理水平。

(六)资源丰富的理念

在深化教学管理信息化进程的实践中,我们坚决遵循科学成熟且前瞻性的教育教学管理学理论作为行动指引,积极运用高速发展的现代信息科技成果作为有效工具,依托坚实完善的软件技术提供稳固支撑。我们以高储量网络存储设施为物质基石,以高效且平稳的网络传输构筑桥梁,利用多媒体技术普及应用形成承载工具。通过功能齐全且强大的教学信息化平台,全面整合涵盖众多行业需求,广泛涉猎各个职业所需知识资讯,将不同专精课程与职场工作紧密关联,紧密关系领域、各类课程与高校各专业之间千丝万缕的联系,各个课程所提学习需求要点、教学大纲和测试标准、每一门课程的详尽教学素材解析、完备的课程评估衡量指标体系、学科的具体教学计划与授课安排、每一门课程的全套教学 PPT，以及辅助扩展学习要求的信息、实时在线作业资源供应、实时在线咨询与答疑服务提供、实时在线测评安排、教师个人详细资料、电子图书资源丰富、优质课程资源充足等多样性质的教学、学习资源。我们全力以赴追求信息资源的最大化丰富性，力图铸造出一个简易明了、全方位三维立体的交互式教学信息化服务平台。

高等院校教学管理信息化的建设工程，本质上是一场全面性的教学管理革新运动，更是一项错综复杂的系统性工程任务。在实际执行过程中，必须认真考虑到各项措施的实行难度，有针对性地精心策划长远细致的战略规划，设立坚强有力的执行团队，努力推进硬件设备和软件平台的建设步伐，深入开展对管理人员的全面培训，逐步完善一系列严格的管理规章制度，以及建设良好的管理机制和运营模式。这样才能从根本上保障教育信息化目标如期达成，进而推动高等院校的教育教学改革，提升整体教学水平。

（七）BPI 理念

BPI，即"商业过程改进"（Business Process Improvement）的缩写，源自"业务流程再造"（Business Process Reengineering，BPR）的思想延续。其主旨在于极力提升面向客户群体所需服务的品质，提高整体工作效益。BPI 理念倡导渐进式改良策略，首先深入研究和理解现行的商业流程，然后在现有的流程基础之上进行优化并推陈出新，建立崭新的流程规则。这种理念主要根据组织环境的变动走势，借助信息技术飞速发展的推动力量，为了实现提升组织绩效的目标而对现有流程进行深度分析和最佳优化。BPI 理念具有显著优势，主要体现在通过对关键业务流程的深度剖析和卓越优化，能够快速获得工作业绩的显著提升，同时对于整个商业流程的其他环节影响甚微。BPI 理念不仅仅是一次管理观念的彻底革新，更是对整个行政体系的一种锐意创新。其中真正值得关注的是，它对组织改革产生的实际推动效应。

三、教学管理信息化新模式构建的内容

（一）构建教学管理信息化标准制度

在国内乃至国际范围内的教育信息交流与互换工作中，高等院校需严格遵循相关制度规定，以确保所有数据具备共享性质。为推动学校的信息化进程，应加强校园网络设施和图书馆的信息化升级改造，制定并落实适应时代发展的改革措施及相关政策；应高度重视教师群体和教学管理工作者在运用信息技术等新兴工具过程中的重要作用，开展信息技能的初步培训活动，积极引导资深教师与专业计算机技术人员合作，为主管教师与教学部门人员提供全方位的操作技巧、技能提升和问题解决等多元化培训与指导。同时，可研发设计高效便捷的教学课程软件，并将教师和教学管理人员的信息技能水平纳入职称晋升的评估参考项目之一。

（二）建立教学管理信息化首席信息官机制

借鉴商业领域的成功做法，应在校方内部设立教育管理信息化首席信息官职务的特殊制度。首席信息官应由校级领导班子直接参与到教育管理的核心决策之中，全面负责高等院校信息化进程的长远规划和具体规划。缺乏首席信息官这一关键职位的组织保障，信息技术的实际应用只能停留在"自动化"层面。事实上，只有将技术与组织架构紧密地融合起来，才能真正实现教育管理信息化的成熟运转。

（三）有效整合现有的教学管理信息系统，消除"信息孤岛"

对于目前已投入使用的各类教育管理信息系统，应遵循"充分发挥各

自优势，逐步淘汰落后"的原则，进行充分有效的整合协调。在短时间内无法完全舍弃某些特定的教育管理信息系统的情况下，必须依照教育部颁布的《教育管理信息化标准》规定的数据格式编写各类接口文件，消除"信息孤岛"难题。《教育管理信息化标准》为各大高校提供了广阔的信息化发展空间。

（四）教学管理信息化新模式构建

面临信息时代的挑战和商机，各大高校的教育管理信息化工作应保持创新，以融汇信息通信技术与现代教育管理理论的深度整合研究为基础，构建资源丰富、具备在线决策功能、集成智能评价与决策导向功能的交互式教育管理信息化新型模式，实现教育管理信息化模式的创新与突破。

1. 资源型模式的构建

所谓"教学管理信息化资源型模式"，是以资源为核心的教学管理理念，利用学校丰富的资源和完善的网络环境，构建集教育教学和管理功能于一体的全面综合体系。在这种模式下，我们致力于优化教务和教学信息的标准化和规范化，合理分配并整合各类信息资源，既满足了广大师生对学习的需求，又融合了学校各项事务管理的网络自动化和信息化。通过便捷的Web应用平台，无须烦琐的客户端软件，其强大的动态信息交互性能和信息交流功能保证了高效稳定地运行。

（1）资源型教学管理信息化模式的构建原则

①必须全面考虑并整合各方面信息资源，以实现信息的有效共享。该系统巧妙地利用校园网这一共享平台，实现信息资源的跨平台互访，满足全校各部门对信息资源共享的需要。

②系统必须具备深厚的包容性和良好的扩展能力，以适应已有的传统系统，并且在业务需求变化时保持应用平台的特性，便于调整、扩充和升级。

③系统的设计应尽可能简洁明快，方便用户使用和拓展、维护，使非

计算机相关专业人士也能轻松上手操作。功能设定应考虑日常办公运作需求，摒弃冗余功能，做到简约实用；界面设计应友好清晰，易于扩充操作；网络结构应简单明了，便于管理和拓展。

④系统运行必须稳定可靠，安全保密是重要因素之一。应充分利用安全高效的通信机制、身份认证、权限检查等手段来保障教务信息系统的安全性和保密性，避免信息泄露和非授权侵入；并将其与校园网的安全机制有机结合，运用路由技术，建设健全的教务信息系统防火墙架构。

（2）资源型教学管理信息化模式的构建模型

"资源型教学管理信息化模式"的构建模型主要由以下模块构成：宣传资源模块、办公资源模块、教学资源模块、学习资源模块和其他资源模块。信息化支撑服务平台则细化为四个子平台：网络平台、共享平台、服务平台和统一的信息门户。服务平台还包括学生思想工作管理平台、学科专业管理平台、数字化教学与学习服务平台、人才培养质量监控评价管理平台、人力资源管理平台、学生数据交换平台、网络学术创新平台、科技服务写作平台、研究生学位论文网上管理平台等实用子板块。

2. 主要功能模块的分析与设计

在我们目前正着手开发的教育管理信息化系统中，我们将引入并整合以下几个核心功能模块：

（1）智能化决策支持功能

通过建立一套完备且科学合理的决策机制，充分利用丰富多样的教育资源数据和实时采集的真实数据资料，结合智能化模型和全面完善的评价指标体系，为学校的教育管理工作、教育实践活动以及教师的教学规划和学生的学习进步提供强有力的决策参考支持。

（2）全方位智能评价能力模块

本模块建立系统化、规范化和标准化的评估指标体系，为教师的教学过程和教学成果提供及时考核，帮助教师提升教学水平和质量。同时，学生可以通过教学信息化平台自主检测、评价自身的学习状态，了解自己的知识掌握情况，调整学习策略和方法。从学校管理层角度，可以全程监控和分析学校总体的教学质量、学生学习状况、课程教学效果等，实时考核和评价学生的学习情况和行为表现，以推动学生的全面发展和进步。

（3）决策导向功能模块

该模块借助高度智能化的评价系统和丰富的教育资源库，以提升教学质量和效果为核心目标，为教师的教学规划、学生的学习进程和学校的教育组织、实施和管理工作提供决策和指导。例如，根据职业对知识技能的要求和课程之间的关联关系，协助学生选择学习课程；或者根据学生的学习情况，提供学习方向的建议；还可以向授课教师提供关于教学效果的反馈意见，促使教师改进教学方法。

（4）全方位立体互动功能模块

该模块涵盖了系统的核心功能，包括多样化的管理模式、错综复杂的关系网络和各大子系统的紧密联系，保证了数据的流畅传递和准确统一。同时，该模块还具备多种数据交互分享等实用功能，为用户提供便捷的操作体验。

第三节 教育信息化背景下高校教学管理机制构建的路径

一、加强信息化基础条件建设

在当前教育信息化背景下，加强高校教学管理机制的部署是当务之急。

这需要首先加强各项信息化基础设施的建设，为教学管理活动提供充分支持。具体而言，包括但不限于以下几点：

1. 校园网络的建设

教学管理的信息化进程依赖于健全的校园网络平台。优化升级现有网络设备、加强与电信运营商的沟通交流、强化网络管理员团队技术实力等都是关键。管理团队的技术实力投入至关重要，需要引领团队进行有效的网络维护与管理，确保网络应用性能。

2. 统一规划与建设信息资源

建立全校数据中心，有助于实现资源配置的最优结果，便于资源的统一管理与维护，是当前高等教育信息化发展的主要趋势之一。

3. 教学管理信息系统功能的深化与完善

加强与高校管理层、教师和学生的沟通，整合软件研发技术力量，促进院系与部门之间的协作。采取"自主开发"与"技术引进"相结合的策略，逐步完善软件功能，提高运行稳定性和智能化程度，增强决策支持能力。

通过以上措施，可以有效推动高校教学管理信息化进程，为教学管理工作提供更加有效的支撑。

二、完善信息化建设组织构建，突出顶层设计

任何大型项目或计划的成功落地都需要坚实的领导组织机构作为其支撑。高校教学管理信息化建设不仅涉及学校教学和人才培养的全局，更代表着一项范围广泛且长期的系统性工程。这不是某个单一部门可以独自应对的挑战，而是需要全校各部门紧密联合、二级院系全力以赴、广大教学管理工作者和全体教职员工广泛参与的合力。

然而，在教学管理信息化建设过程中，如何让各部门和人员有机地融合在一起，形成有序运转的信息化建设整体工作推进网络？这就需要我们高度重视顶层设计，让学校领导层确立顶层设计作为引领教学管理信息化

建设发展的核心力量。在此基础上，我们应建立健全有效的领导组织架构，负责协调和处理教学管理信息化建设过程中的各种具体问题。

学校高层的顶层设计和完善的领导组织结构，从根本上保证了这项工作不仅仅是某位领导个人的决策，而是整个学校决策层共同研究决定的结果。这能确保教学管理信息化建设在较长一段时间内拥有政策的稳定性和连贯性，有效防止因个别领导者更换而导致工作推进受阻的情况发生。

三、加强宣传，促进广大教职员工广泛参与

教学管理信息化建设项目的成功实施，其核心目标在于满足高校各类教学管理人员、全体教职员工以及学生群体的实际需求。然而，在实践中，大部分教职员工仍然习惯于传统的教学管理方法和经验模式，对新型的教学管理信息系统的接受和应用需要经历一段心理转变和操作熟练化的适应期。因此，他们可能缺乏对新系统的热情和参与程度，甚至对该领域的改革持有怀疑和抵制情绪。

面对这些挑战，高校必须采取多元手段，加强对教学管理信息化建设重要性的宣传，以增强教职员工对该领域革新的重视程度。同时，需要积极倾听各方声音，对教职员工在建设中的观点和意见提供及时响应，使他们感受到学校对其贡献的认可和敬意，从而使其更积极地投身于这项工作中。

在宣传策略和手法的设计上，不能仅仅局限于发布通告或印发文件。过分刻板和冷漠的形式可能会导致教师认为自己是被动参与其中的，从而忽视改革的重要性。因此，高校应该结合实际情况，采用积极激励的引导政策，对在建设中表现突出的优秀教师进行表彰和奖励，并广泛宣扬其在使用系统时所获得的好处。通过优秀案例的力量带动群体，让广大教职员工深刻认识到教学管理信息化建设的重要性，并意识到善用系统能极大地

便利教学工作和学业提升。

高校应当珍视教师在建设中提出的意见和建议，并及时予以回应。在试行推广阶段，应根据教师的实际体验，调整和改善系统功能；正式上线后，也需要持续听取反馈，通过系统的维护和升级实现功能的改进与完善。

四、健全教学管理信息化相关配套制度

近年来，我国众多高等院校纷纷投入大量心力和资源，致力于开发优质的教育管理信息系统（EMIS），以推动教学管理信息化的发展。然而，我们不可忽视的是，在这个进程中，配套制度的建设显得尚有不足。这导致了一些不良行为的出现，例如未能按规定操作教学管理信息系统，从而影响了教学运行数据的准确性和有效性，进一步削弱了EMIS的运行效能。因此，在推进教学管理信息化的过程中，同等重要的是要健全相应的配套法规体系。

从技术策略角度看，建立标准化的数据编码规则是必要的，以确保教学运行数据的处理具有统一性和规范性，最大限度地减少因数据格式混乱或数据内容表达不清而带来的负面影响，进而确保系统在后续运行中能够高效进行数据统计和深入分析。

在管理层面，针对EMIS运作，制订各类教学管理配套制度可以为学校的教育管理信息应用提供明确、规范和适当的约束。这些制度有助于保持EMIS运行的程序化、透明和公正性。对各种教学管理服务事项的处理流程形成规章制度，有利于相关服务信息的公开传播和接受公众监督，进而推动教学管理信息化建设向着规范化、有序化和可持续化的方向稳健前行。

五、缜密调研，创建合适的教学管理信息系统

在教务管理现代化进程中，构建适宜的教学管理信息系统无疑是实施

工作中最为关键且核心的基础性操作步骤。因为所有在教学管理信息化建设中的技术目标，最终均须依托该教学管理信息系统来予以贯彻落实以及提供有效支持，故此，一旦此教学管理信息系统能够体现出科学合理且领先水准且正常运转的话，便足以成为保证教学管理信息化建设成果显著的关键因素。然而，若在构建过程中出现问题，其负面效应同样不可忽视。

设计教学管理信息系统是一项颇需时日、需付出较大精力及具有艰巨灵活性的综合性项目，绝非在短期内可完成之事。因此，对于高等学府教学管理的信息化建设必须审慎思考，周全策划。为保证信息管理系统的最终运行能顺应学校的教学管理需求，并能切实创造出良性的运用效果，同时防范信息系统构建过程中的人力、财力和时间的极大消耗，我们建议在教学管理信息系统构建之前全面深入地开展调查研究，形成合理方案，以防止过度投资。

为了使教学管理信息系统创建工作得以有序开展以便适应学校的实际需要，并能真正达到预期的应用效益，避免在信息系统创建过程中投入过多的人力、物力和时间，必须在前期开展详尽完备的考察研究。

1. 应对学校的办学目标、教学管理方法及管理流程做出明确梳理，进行系统的归纳总结；

2. 对学校的各项教育资源进行详尽的数据统计和分析。

最后，应详细了解学校的整体状况。另外，就针对教学管理信息系统软件平台的创建途径而言，由于在我国只有极少数大学选择自主研发，大部分大学则倾向于采用购买商品化软件系统的方式，因此对于选购商品化软件系统的高校来说，特别应该用充分的时间进行现有的商品化软件系统与学校的实际教学管理运作情况之间的细致对比测试，尽量发生在避免购买之后发现该软件系统无法满足学校的实际管理需求所出现的尴尬局面。

鉴于各高校对于人才培养目标的设定会随着国家经济发展、市场需求改变等变量进行相应调整，因此高校教学管理并非是一成不变的，反而呈现出持续向前推进的发展趋势。为此，在构建教学管理信息系统的过程中，应当做好合理的计划安排。尽管无法预知学校的长远发展态势，但是根据学校的发展规模、教育改革及教学管理流程变动的轨迹进行必要的全局谋划和科学规划还是至关重要的。唯有如此，才能降低因学校现状出现变数导致信息管理系统在短时间内需要进行大幅修正甚至重新构建的成本压力，从而提高教学管理信息系统长久稳定运行的可靠性。

六、强化培训，提升教职员工信息化建设参与能力

教学岗位作为高等院校教学与管理实践的核心对象之一，其参与程度对于教学管理信息化建设的成功至关重要。教职员工不仅是信息化建设的直接参与者，也是其关键推动力量。一项先进的教学管理信息系统的有效运用离不开教职员工的积极参与与有效应用，同时，任何前瞻性的教学管理制度的实施也离不开教职员工的自觉规范执行，只有这样才能发挥实际效果。因此，教职员工在信息化建设中的积极程度，直接决定了教学管理信息化建设的深度与广度。为了解决当前教职员工在信息化建设中存在的能力不足问题，必须采取有效措施，加强对教职员工在信息技术应用技能及信息素养等方面的培训工作。

1.高校教学管理工作人员既包括学校教学管理职能部门的专业工作者，也包括各个基层教学单位内部的教学管理者。这些教职员工既是教学管理信息化建设成果的直接受益者，也是推动教学管理信息化建设不断向前发展的重要推动力。随着教学管理信息化建设的推进，教学管理团队面临着前所未有的挑战和机遇，他们的信息技能与信息素养成为了衡量教学管理质量和信息化建设成效的关键指标。因此，在此背景下，我们应当加大力度对教学管理团队进行信息技能和信息素养方面的培训，让他们在熟悉掌

握学校教学管理规则流程的前提下,重点提升在信息化管理领域的适应能力,使每一位教学管理人员都能够娴熟地应用信息技术来处理各类繁琐而复杂的教学管理事项。教学管理工作的复杂性和多样性,使得任何一位从事该职业的人员均需经过长期的实践和磨炼才能够胜任。教学管理队伍的建设,必然会伴随着人员的流动,这是无可避免的事实。然而,教学管理信息化建设需要一批具备优秀信息素养、较高信息应用技能且拥有丰富教学管理经验的精英人才。唯有如此,才能维持整个教学管理团队的信息素质的稳定发展。而要实现这一目标,唯一可行的方式便是通过定期和不间断的培训来加强和保障。

2.同样重要的一点是,提高高校普通教师队伍在信息技术应用能力与信息素养层次上的水平。事实上,他们的信息化掌握能力和信息素养的高低,将会对教学管理信息化建设的实际效果产生深远影响。目前阶段,大多数高等教育机构的办学规模都在经历着显著扩大的过程,相应的,师资力量也随之出现了大规模扩充的现象。部分年长且传统教育思想根深蒂固的教师尚未完全适应信息化的教学管理环境。针对这种情况,我们需要开展全方位的信息化教学培训计划。

(1)帮助那些受到传统教育观念制约较深的教师逐步接受现代化的教育教学观念,进一步强化他们树立信息化教育理念,弥补他们在信息素养方面的不足之处,努力培养他们在日常教学工作中主动使用教学管理信息系统的优良习惯;

(2)对于那些信息技术应用水平稍逊的部分教师,则有针对性地开展形式多样、深受教师欢迎的信息技能使用培训活动,全力以赴地提升他们运用教学管理信息系统处理包括教学内容在内的各项事务的能力。

七、以人为本，突出信息化服务

高等院校推进教学管理信息化建设的主要目标在于实现教育管理模式的现代化、科学化，进而提升教学管理效能以及教学服务品质。鉴于教学管理信息化构建的直接对象与目标受众均为人，因此，把握人本原则是高校教学管理信息化建设的核心立足处及最终归宿。然而，目前我国部分高校在进行教学管理信息化实践中，过分关注教学管理的行政功能而忽视了其服务职能。如此一来，教学管理信息化建设的益处往往仅体现在教育管理层面，未能形成全面且深入的成果。为了应对这一困境，应将"以人为本"的科学发展观核心精神充分融入高校的教学管理信息化建设中，转变原有职能，着重强化服务特色。

在高校教学管理信息化建设中，我们需要确立并贯彻以人为本的核心理念，积极尊重并肯定广大教师、学生以及教学管理人员的主体地位及自我价值，不仅要解决他们在实际教学管理过程中所遭遇的各类难题，还需确保高校中最为广泛的教师与学生群体能够从教学管理信息化建设中获得更为实在的信息化、人性化的优质服务。

在教学管理信息系统功能的设计规划上，一方面要兼顾研发能够有效解决如教学计划制订与调整、教学任务分配、课程时间安排、考试布置流程、学籍学历追踪与管理、成绩统计分析、网络教学点评、网络选修课程等诸多管理问题的系统功能；另一方面则需要充分倾听广大教师和学生的心声，充分尊重教师的职业地位，展现教师的个人价值，并在系统功能模块的设计上，为众多教师打造信息化教学资源的管理分享交流平台，引入大型开放式的在线课程项目、能谱 X 射线光谱仪（EDX，Energy Dis-persive X-Ray Spectroscopy）以及优达学城（Udacity）等知名"慕课"（Massive Open Online Course，MOCC，大规模在线课程）资源及类似模块化面向对象动态学习环境（Modular Object-Oriented Dynamic Learning Environment.

MOODLE）的在线学习开发平台；同时，也需要更多地为学生考虑，在系统中设计一些更具人性化、便捷性的自助学业事务处理功能。从而使教学管理信息系统的功能得到深化拓展，就此从单纯的"管理"系统转型为更具有"管理+服务"双重属性的综合系统。

在涉及教学管理信息化的相关配套制度制定过程中，同样须以"以人为本"为准绳，慎重权衡广大教师与学生的真实需求。对于那些应该下放到基层的权限，应毫不犹豫地下放，对那些不应受到束缚的环节，务必坚决避免过度管制。要坚决抛弃过时的教学管理制度中那些不尽合理、不够科学的陈旧规条，将人文关怀的观念贯穿始终。同时，还需调整教学管理部门的职责定位，一方面要在实现管理目标的同时提供优质教学服务，另一方面也要通过提升教学服务水平来驱动教学管理水准的改良与提升。

以人为本的管理理念乃崇高境界，亦是高校教学管理信息化建设向更高层次发展的必然道路与追求目标。

八、建设文化的信息化校园

每一座大学院校的存在，无不展现出其独特的校园文化景观。在社会飞速变革的当下，面对信息科技革命的冲击，校园文化这一幅美丽的画卷又会呈现出何样的变革呢？我们应予以关注哪些焦点议题呢？以下将针对信息化条件下的校园文化建设展开深入剖析。

大学的校园文化，归根结底是属于全体师生员工共同创造出的文化现象。我们可以将它视作：所有在校人员在与其所在的校园内部及其周边环境的相互作用过程中所形成的特有的为适应校园生活环境而产生的生存模式，以及在此交互过程中所形成的他们独特的价值观念、情感表达和信仰体系。

校园文化作为高校精神文明建设的关键元素，也是整个学校教育框架的重要支撑部分。优秀的校园文化可以发挥出教育引导的功能，激发学员们的创新思维，并且引导学员自主成长成才。早在 1931 年，时任清华校长的梅贻琦先生在刚上任之际便提出了一个对于我国高等学府影响深远的理念——"大学者，非谓有大楼之谓也，有大师之谓也。""大学，有大学文化之谓也。"由此足见，卓越的高校校园文化是高等教育体系中不可或缺的重要组成部分。先进的校园文化建设成为评估学校发展和进步的核心标准，能够直接引领学校办学效益的提升。

自 20 世纪 90 年代中期以来，随着信息技术的快速发展，社会的信息化进程步入了飞速发展的新阶段。如今，信息技术尤其是互联网技术已然深刻地渗透进高校师生们的各个领域，他们正逐渐接受并享受着由信息技术带来的数字化生活体验，如同我们过去传统的课堂教学也已经完全实现了信息化转变。当信息化发展到今天这样的高度，我们便不得不思考一个新的问题：所有这些变革究竟给校园文化注入了何种全新的含义呢？因此，有关信息化如何影响校园文化的话题逐渐占据了校园文化研究的新焦点位置。毫无疑问，信息化已成为当前高等校园文化的重要组成部分之一。

在信息化条件下，校园文化呈现出了新的活力与内涵。信息技术的广泛应用使得校园文化更加开放、多元化，学术交流、文化互动更为便捷，促进了学校成员之间的沟通与交流。同时，信息化也为校园文化注入了新的生机，推动了学校精神文明建设的深入发展。随着信息化的不断推进，我们有理由期待，信息化校园将成为一个充满活力、创新的文化殿堂，为培养学生成长成才提供更为广阔的舞台和更加丰富多彩的文化环境。

在理解和审视当前信息化对校园文化产生的显著影响时，我们可以发现它大致可分为两大方向：

1. 从技术层面来看，信息化正逐步主导和塑造着现代大学校园的生活模式和行为特质。例如，如今的大学教师在安排课程以及学生在选择课业时，都已不再依赖繁琐的手动操作步骤，而是借助高效便捷的教学管理信息系统。同时，随着信息化的深入推进，学生提交作业的方式日益趋向电子文档形式，而与同伴或导师探讨问题则更倾向于借力于虚拟网络空间，此类现象不胜枚举。

2. 从校园人本位出发，信息革命同样深刻地影响了师生们的内隐心理状态、核心价值观以及外在行为惯例。如在线学术论坛为教师展示思想深度及内在精神世界提供了更为广阔的空间，而学分制教学改革在信息化时代的推行，则在一定程度上弱化了班级群体的概念。

针对信息化挑战所引发的校园文化革局，教育学者曾在阐释网络化与人类社会文化相互关系的过程中，提出了"网人共生"的理念，号召人们理性地看待并妥善处理好"网与人"之间的契合纽带，进而开拓出具有前瞻性的生存路径。秉持这样一种"共生"的理想和实践态度，或许将成为人类走向未来的理性与智慧选择。在俯瞰未来世界的视野中，我们要努力构建一个能实现"网人共生"的人性化网络环境，以此为基石探索出适合全人类的生存模式；"网人合一"应作为网络社会中永恒不变的至高价值和卓越理想信念。

我们期望在日益增强信息化色彩的大学园区内，全体师生既能妥善适应信息技术持续更新给日常生活带来的悄然变革，畅快融入由信息技术孕育的新型校园生活环境，转化为一名具有全新特色的"新校园人"，成为一位称职且优秀的"信息校园人"；又能克服信息技术可能带来的各种负面影响。在日益信息化的社会环境中，赋予信息化更为积极的文化寓意，令信息化与校园人文关怀实现和谐共存，共同推动校园文化的创新和进步，依托信息化校园平台，创设崭新的校园文化风貌，追求完美的校园生活体验。以防信息化建设为导向，导致大学校园内部人际沟通日益减少，人情淡薄，我们不愿意看到大学园区仅仅是由冷冰冰的建筑和虚无缥缈的网络构筑成的"文化荒漠"。

第四节　新媒体环境下高校教学管理信息化的延伸发展

在高等教育体系内，教学管理工作无疑属于基础且核心的一环，不但直接关系到学校整体的教学质量，还深刻影响着高等教育机构的管理效率及水平。自踏入新媒体时代以来，互联网信息技术的普及和应用，使当代教学管理面临更多前所未有的挑战与机遇。所谓媒介，即是承载、处理并传达信息的载体或者工具；当某种媒介被特许用作教学用途，成为承载教学相关信息的媒介之时，便被称为教学媒体。近年来，伴随着计算机多媒体技术和计算机网络技术的飞速发展，具有较强交互性的计算机多媒体和计算机网络应运而生，将声音、图像、文字及色彩等多元化的教学内容融为一体，大幅度革新了日常教学的全过程，这种崭新的教学媒体凭借其独特的信息资源及操作简便、交互性强等优势，充分改变了原本的教学模式和学习方法。

一、新媒体的界定及其特点

（一）新媒体的界定

目前学术界对于新媒体的定义尚未形成统一共识，然而，美国知名杂志《连线》曾给出过一个相对简洁明了的概括，即"所有人对所有人的传播"。同时，以我国著名学者熊澄宇先生为代表的部分专家学者提出，新媒体与传统媒体在构成元素方面存在一定区别，如果只是在原有基础上进行简单的改进和提升，也只能被视为改良（reformation），无法真正体现出新媒体的创新特质。因此，本研究更倾向于将新媒体视为在报纸、广播、电视这类传统媒体之后演进而来的全新媒体形式，基础构建源于数字技术、网络技术、移动技术之上，主要依赖互联网、无线通信网、有线网络等多种渠道，以及电脑、手机、数字电视机等各种终端设备，向广大公众提供有价值的信息和娱乐服务。新媒体除具有传统媒体的一般特性外，还具备交互性强、信息时效性显著、海量共享、多媒体超文本等突出特点。

（二）新媒体传播的特点

相较于传统媒体，新媒体展示出诸多不同的特色。

1. 新媒体传播采用了多种手段，包括文字、图片、语音、视频等在内的多媒体形式，全面而生动地向大众展示事件的真实面貌。

2. 新媒体传播逐渐转向细分群体传播，它们着力实现"个性化"和"一对一"的互动交流，通过针对特定媒体受众群体的特定需求，定制专属的传播策略和传播方式。

3. 新媒体传播表现出非线性、渗透式传播的特点，突破了传统的时间空间限制，使广大受众能通过手机、网络、数字电视等随处可见的新媒体设备，在任何时候都可以主动或被动地加入到传播过程之中。

4. 新媒体传播依托现代高科技成果，无论是网络，还是智能手机和数字电视，新媒体的传播都离不开科技支持，这也恰恰说明传播受众自身需要具备一定的新媒体工具使用能力。而且，新媒体传播显现出极高的交互性，信息反馈速度快、及时，受众所持观点更具多元风格。

二、新媒体环境的不断完善

伴随着新媒体技术在高等教育领域的日益广泛应用以及深入推广，在教学环节中，教师与学生之间、学生与学生之间以及教师与教师之间的关系均已产生显著的变化。这种变革为教学活动注入了新的活力，推动高等教育教学模式不断更新。然而，面对新媒体所带来的这些显著改变，许多高等院校内的教师和学生尚未能充分适应。在这种背景下，我们有必要意识到只有不断更新观念，积极推进改革，才能更好地融入和适应新媒体环境，提高教学效率和优化教学效果。

1. 教师应深入转变自身观念，努力提升在交互式媒体和网络媒体方面的应用技能。在授课前，教师应充分了解电子白板等新型媒体设备的各种功能及操作技巧，熟练掌握电子笔的运用方法以及各类工具栏的详细功能。同时，应重视其交互性能，有意识地将电子白板的交互潜力纳入教学设计思想中，不再仅将其视作高级黑板或演示设备。

2. 全面推行网络辅助教学，推动教学手段的革新。加强网络课程的构建，实现教学资源的数字化和教学互动的网络化。继续推进教育教学资源库建设，将院系专业、教学团队、精品课程和教学资源的成果融为一体，全面展示高校的教学成果，进一步扩大其影响力。

3. 进行针对新媒体内容的专项培训，积极开展关于新媒体环境下的教学交流，同时努力提高新媒体教学场所的开放程度。

4. 积极推送各类素材至网络教学资源库，引导师生们自主获取所需资源。有效利用网络教学资源库进行学校自有资源和成果的管理、整合和共享。将现有的计算机辅助教学软件课件、音视频文件和优秀课程资源等上传至网络教学资源库。此外，通过培训等方式向广大师生宣传和展示网络教学资源，详细介绍如何搜索、查阅和下载相关资源，并引导教师利用网络教学资源库辅助备课工作，吸引学生浏览各类资源，拓展个人视野，提高资源的综合利用率。

三、高校新媒体教学环境构建与管理

随着现代尖端科技在教育领域的广泛应用，多媒体教学环境的建设和管理正在高等教育体系中迅速普及。这种教学设备的引进不仅显著提升了教学效率和品质，同时也为传统授课方式提供了崭新的实践平台。然而，如何更充分、合理、安全、科学地构建和管理这些多媒体教室，以满足日益增长的多媒体教学需求，并保证教学活动的正常有序开展，已成为各个教学管理部门亟待解决的重要课题。

（一）多媒体教室构建的原则

1. 实用性

多媒体教室的建设目标应注重实用性和效率。选择的硬件设备应操作简便、切换流畅，并具有良好的展示效果，以充分发挥设备潜力，实现最大化的价值。

2. 可靠性

系统构建方案应注重人机互相保护和设备长期稳定运行，确保系统在实际运行中提供安全保障和高质量的服务管理支持，减少用户在系统运行方面的人力和财力成本。

3. 兼容性

在选择设备时应开放、包容，考虑不同厂商、不同型号的设备，以提高系统的兼容性。

4. 先进性

设备选型应与时代发展相适应，特别是中央控制软件应具有足够的前瞻性，以展现系统的研发水平。

5. 扩展性

多媒体教室应与互联网连接，能够调用外部教学资源，考虑其可扩展性。

6. 安全性

多媒体教室的安全性应充分考虑到其多种用途，包括非教学时段供学生自由使用不同设备的设备安全性。

7. 便捷性

采用一键式关机或实现远程操控关闭设备的方式，使教师操作更为便利。

8.经济性

在设计和采购设备时应考虑其实用功能，实现设备性能和价格的最佳平衡，避免不符合学校具体情况的华而不实的元素。

（二）多媒体教室的构建

在多媒体教室的建设过程中，我们应当遵循必要的建设原则，并选取科学合理的设备配备方案。综合考虑不同学科的需求、地理位置、房间布局、面积以及学生座椅数量等因素，科学细致地规划多媒体教室的整体布局与设施。多媒体教室可以根据管理方式的不同划分为独立式和网络化管理两大类型。

1.独立式多媒体教室的建设

这种形式的多媒体教室适用于特定地区或部分学科的教学需求，对设备要求较低。

（1）电子白板

使用电子白板进行教学，能够显著减少设备因使用粉笔产生的灰尘而导致的故障率，提高设备的可靠性。同时，也能为教师营造出更健康舒适的教育环境，有利于教师的身心保健。

（2）中央控制设备

建议使用带有手动调节延迟功能的中央控制设备来控制各种设备的开机和关闭操作，以确保设备能够充分散热，延长使用寿命，防止在多个设备同时启动和停止时对设备造成不良影响。

（3）投影仪

推荐选择不同型号和参数的高级品牌液晶投影机，其亮度和对比度越高，售价也越贵。在多媒体教室的后续运营成本中，投影灯泡的消耗占据较大比重，因此选择高级品牌投影仪不仅能解决灯泡购买的问题，还能保证设备的质量与稳定性。

（4）音响设备

音响设备的选购应根据多媒体教室的实际尺寸、房间格局以及教学需求进行选择。应使用无线话筒，以便教师在教学过程中更好地发挥自己的肢体语言优势。

（5）操作台

操作台必须按照设备规格进行科学合理的设计与定制，满足教学所需设备插口的安装需求，并考虑安全防范问题。建议使用电控门锁，实现一键开关机，方便教师操作，节约时间。

在独立式多媒体教室的建设过程中，必须根据多媒体教育的特性，采取相应的优化措施，避免选择很少使用或没有实用价值的设备，简化整个系统的功能，便于教学管理。

2. 网络管理型多媒体教室体系构造

网络管理型多媒体教室，更适用于在分布较为集中的多媒体教室内设置，并根据各学科领域的教学需求，构建具有不同功能特性的多媒体教室。与传统的单机型多媒体教室相比，该配置方案引入了网络中央控制系统，并支持远程及本地两种操控方式。此外，增设了监测掌控系统，其系统功能模块如下所述。

（1）集中控制系统

网络管理型多媒体教室采用网络中央控制系统，包括教室级别的网络控制单元和中央控制软件。该系统具备高度集成性和丰富的接口类型，运用TCP/IP通信协议，能无缝接入校园网络，实现远距离及集中化的控制管理。该系统提供了网络、软件和手动面板三种控制模式，具备延迟启动功能以防止设备损坏。

（2）操作平台

操作平台的尺寸、形状、布局与设备规格设计保持一致，确保使用者的便携性和安全性。操作台门锁可通过网络远程或本地操作，实现一键式开闭运行模式，极大方便使用者，提升使用体验。

（3）监测录播系统

监控系统帮助管理者实时了解课堂进展情况，通过控制软件使教师电脑屏幕画面与音视频同步，实现即时的点播转播功能。

（4）对讲系统

对讲系统有助于及时发现和解决问题，并强化沟通互动环节。可采用双工对讲、半双工对讲、电话方式对讲和网络IP电话方式等多种实现方式。

（三）多媒体教室的管理

随着高等学校教育基础设施建设的稳步推进，多媒体教室数量急剧增加。为保障多媒体教学活动的顺利开展，必须加强对多媒体教室的管理工作。管理制度的健全是关键，需要制定相关规定规范多媒体教学环境。应关注以下五点：

（1）预约安排

多媒体教室设备使用需提前预约，避免资源浪费。

（2）操作规程

教师在使用平台教学时应遵循操作规程，严禁擅自移动设备或进行线路接线操作。

（3）安全措施

严禁设立或修改CMOS密码，以关闭投影机电源等措施以保障设备安全。

（4）退出系统

教师应按标准操作流程退出系统，避免数据丢失。

（5）填写登记表

教师应认真填写使用登记表，记录使用情况。

1. 全面信息化教学管理体系构建

我们探讨的是如何建立全面信息化教学管理体系，其中包括多媒体教室教学管理系统和多媒体教室网络控制管理系统两个子系统。在教学管理方面，我们要逐步过渡从人工协调为主的模式到网络化预约，建立符合本校实际需求的多媒体教学管理系统，实现智能预约功能，提高管理效率。

多媒体教室网络控制管理系统意味着通过一个主控室的系统模块，远程操控多媒体教室内的仪器设备，实现在线设定功能，并可与授课教师实时沟通交流，确保教学顺利进行。国内多家制造厂商提供多媒体教室网络控制管理系统产品，我们应根据学校实际情况进行深入分析比较，选择最适合本校的系统。系统投入运行后，能够快速发现并解决潜在问题，提高管理效率，减轻管理难度。

2. 管理团队人才培养战略

在以人为核心的理念下，管理团队的人才培养至关重要。除了提升多媒体教室硬件设施水平外，我们还需重视和加强管理技术团队的建设。这些团队成员是多媒体教室建设的核心力量，对保障教学顺利进行和教育技术与课堂教学的整合至关重要。由于大学教师对多媒体技术掌握程度不同，管理团队不仅要建设和完善多媒体教室，还需承担教师多媒体技术培训的任务，以满足教师需求，支持教学工作。

在人才培养策略方面，我们应逐步引进高学历、高级别人才加入管理技术团队，改善团队知识结构。制定培训计划，安排团队成员前往顶尖学府进修，注重新技术领域的学习和应用，提升专业素养和实战能力，以适应技术革新和多媒体教学需求。同时，激发团队成员工作热情，建立绩效考核制度，提升综合素质，打造高效团队，为学校教学和科研工作提供优质服务。通过优化团队结构，提升人员素质，构建一流管理技术团队，最大化利用信息科技优势，为教学工作提供支持。

3. 管理模式创设与提升

考虑到多媒体教室的广泛应用和使用者素质的差异，我们应根据实际设备配置制定适宜的管理方式，以实现资源的最大化利用和最佳配置。

（1）自助式管理策略

自助式管理已被证明是一种有效的管理方式，它要求教师在充分学习和掌握多媒体相关技术及设备操作流程后，能够自主管理和调配自己负责使用的多媒体设备。在培训阶段，我们根据每位教师所在多媒体教室的设备配置、使用规则、操作程序和多媒体基础知识等方面，分阶段进行全面技术指导，并颁发相应的专业资格证书。在正式启用管理模式后，我们派出专人全天候观察教师操作行为，记录相关数据，为进一步培训提供更具体的参考。当教师具备独立操作技能后，我们将颁发独立操作证件，由此类教师负责的教室采用自助式管理方式。他们只需前往固定地点领取相关钥匙，设备操作由教师自行控制。在自助式管理的全程执行中，我们也将致力于强化多媒体设备的课后维护工作，确保设备稳定、顺利运行。自助式管理适用于地理位置分散或不适宜安装管理系统的多媒体教室。虽然这种策略能够缓解管理人员的压力，但仍需要相关部门的全力支持。

（2）服务式管理模式

对于已接入校园网进行远程监控和管理的多媒体教室，可采用服务式管理策略。该模式要求教师无需手动操作设备开关，由学校网络管理系统自动控制设备启动和关闭。管理人员依靠监控系统监测设备使用情况，并在课程结束后检查设备状况，完成关机流程。无论是自助式还是服务式管理模式，我们始终坚持设备管理同等重要性，加大巡查力度，详细记录设备使用状况，并定期进行维护工作。这种做法不仅方便了教师进行教学活动，提高了工作效率，而且体现了"管理即服务，服务为教学"的理念。

多媒体教室的建设与管理是一个庞大且复杂的系统工程，需要建立一套科学、先进且符合业务需求的管理规范。管理团队成员应不断探索，与时俱进，紧密合作，始终把教学放在首位，优化管理机制，确保多媒体教学的顺畅运行，加快学科与技术深度融合的步伐。

四、新媒体环境下高校教学管理的创新路径

（一）创新教育管理理念和观念

在推进教学管理策略及体制构建的创新过程中，必须勇于突破传统观念的束缚，培养创新意识，深化对教学管理理念的剖析与研究。教育领导者应发自内心地抛弃过时的教育理念，积极了解新兴事物，迎合时代潮流，坚定推动高等教育管理改革与创新。行政管理者需拥有坚定的信念和决断力，投入到教育体制的改革与创新事业中，持续努力奋进。同时，他们还应具备良好的心理素质和勇于面对困难的坚韧性格，不断汲取新的科技知识，积极研发基于信息科技的管理平台和系统，以适应时代的发展。

（二）通过课堂开发给学生创造良好的发展空间

教学管理创新的核心目标是为学生提供优越的学习环境和机会，推动课堂转型。教学过程应以人为本，激发学生的潜能和创新意识。开放式课堂模式可以引入互联网信息技术作为辅助工具，提高学生和教师选择课程和教学资源的多样性和丰富性。同时，邀请其他教研室加入以增强师资力量，使学生有机会根据个人兴趣选择学习课程，拓宽知识视野。

（三）对高校教育管理的内容进行创新

在教学评估和反馈制度方面，应充分利用科学、先进的管理理念，对高校教育管理内容进行深入探索和改进。传统的学分制评估方式过于单一，不利于全面提升学生的综合素质。因此，可以考虑将学生在校内外活动中的创新表现、竞赛成绩、公益活动行为等因素整合到学生综合成绩的评估指标中，建立一个全方位、立体化的校园网络评价体系平台和系统。借助

信息化手段，鼓励学生积极参与各类活动，展现优异表现。同时，教育管理内容的创新需要行政领导者持续努力，探求与学校实际教育状况接轨的改革之道。

（四）引进先进的科学管理方法

在这个全新的新媒体时代，前沿科技已被广泛应用于各个领域，包括但不限于企业的持续发展、相关设备的高效制造以及管理模式的深刻变革。这一新媒体时代的潮流对于提升办事效率和质量至关重要。高校教育的使命在于培养更多具备优秀素质的新兴技术产业合作者，因此，在制定管理策略时，尖端科学技术所带来的显著优势不容忽视。创新性的电子化、智能化、数据化乃至信息化的管理策略，具备为高校教育管理体系及制度的构建与创新提供实质性突破的潜力。这些策略有助于建立更为精确且公平的评估标准系统，实现信息的广泛共享，并对高校各门专业课程的教学成果进行实时监督和审查，为各级管理者提供真实可信的数据参考。尖端的科学管理策略将使高等学校的教育管理更为精确、时效，进而完善各类管理任务，大幅提升整体管理效能和质量水平。

然而，在面对新媒体环境下的高校教育管理创新问题时，仍然存在许多待解决的难题。其中包括管理者水平的限制、制度执行的困难、高等院校根深蒂固的传统管理观念等。这些问题实际上是在推动高校发展道路上必须要面对的挑战。作为高校管理者，我们首先应当清醒认识当前的现状，紧随时代发展步伐，从管理理念、方法及手段、管理内容等方面做出更为深刻的思索。我们需要不断质疑并改进现行的管理体制和制度建设，努力探寻更贴合高校实际情况的管理创新模式，以期借此推动高等学校管理工作的高效运行。

第三章 教育信息化背景下高校学生事务管理机制的构建

第一节 高校学生事务管理信息化的内涵

一、高校学生事务管理概念

（一）学生事务界定

若要了解"高校学生事务管理信息化"，我们必须先从何谓"高校学生事务"开始探析。在美国，广义上讲，学生事务涵盖了学生在学业方面的学习内容、课程进展、师资配备及他们的认知进步等等。但在这个大的话题之下，还包括学生在课堂外的思想引导、校园文化陶冶、寝室生活经历和创新创业方法的指导等学术事务以外的内容以及相关的课外实践活动。

现在让我们聚焦于学生事务这一核心概念。学生事务指的是高等院校为了照顾学生的成长所需，管理他们在校园内的日常行为，以及为了辅助他们更好地适应大学的生活环境而开展的各项服务，同时也是为了推动他们全面发展的路径。通常而言，学生事务可以大致分为三个类别：辅导型学生事务、管理型学生事务和指导与服务型学生事务。严格来说，这并不包括任何与学术教学直接相关的事务。这三种类型的学生事务相互融合、相辅相成，其划分并没有明确的界线。这个定义蕴含着以下三层深意：

1. 高等院校学生事务的核心使命在于促进学生的成长与发展，伴随着满足新世纪创新型人才培养的需求和提供课堂外的教育等具体工作内容。当这种服务能够满足学生学习、生活和个人发展的多样化需求，并且拥有完善的社会保障措施作为依托时，才能被认定为高等院校供给的学生事务项目，而并非所有学生需求都构成了学生事务存在的基石。

2. 管理型学生事务本质上是针对全部在校生而言的，遵循相关法规条例以增强学生的规则意识，使得每名学生都能在高校的制度规则框架之内自由发展。辅导型学生事务则通过思想建设来塑造学生的理想信念。服务型事务则旨在不断细化学生事务的分工，从而提升学生事务工作的专业化程度，为学生提供个性化的精细化的服务。在实际操作过程中，针对这些具体事务的界定并无明确的规定标准。

3. 高等院校学生事务发生的场所通常是课外活动时间，而涉及的内容则大多相对教学内容而言。其实施地点和外部环境主要集中于教学课堂之外。

（二）高校学生事务管理

在美国的教育体系中，乃至广泛的社会领域内，对于学生在学术以外的各类事务以及各种形式的课外活动的管理做出了明确的定义，即被视为高等学校学生事务管理的范畴。而在我国，储祖旺教授对此有深入且独到的见解，他将高等学校学生事务管理定位定为：在国家政府的有力领导和宏观调控之下，我们的高等学府能够积极响应并践行社会主义核心价值观，运用专业化的知识储备和个性化的职业技巧，尊重并遵循学生身心发展的客观规律，为每一个学生的成长、成才以及全面发展提供坚实的后盾和全方位的保护，进而确保整个高等教育事业的稳步前行。同时，也离不开高等学校内部专门设立的管理机构以及众多学生事务管理员的辛勤付出和无私奉献。以下笔者会详细阐释上述细节。

1. 我们必须认识到，高等学校学生事务管理需要依赖稳固的社会保障机制作为其坚强后盾，其中重要的支撑力量就是国家制定的法律法规以及各项实施政策；我们的共同目标，即积极实践和弘扬社会主义核心价值观，促进每一个学生的全面发展，更是我们致力于培养高素质人才的最终落脚点。

2. 涉及高等学校学生事务管理的参与者，可以简单划分为两个维度，即主体和客体。其中，主体主要包括高等学校内专门设立的负责学生事务管理的部门以及众多辛勤付出的学生事务管理员；而客体则涵盖了接受主体影响和干预的广大在校学生，以及与他们日常学习生活密切相关的各类具体事务。

3. 要做好高等学校学生事务管理这项工作，首要的基础条件就是掌握专业的知识和实用的技能，这样才能足够展现出职业素养和专业素养的内在品质要求。

4. 谈论到高等学校学生事务管理的具体操作流程，主要是指主体根据自身的职责和分工，调集和利用各类可供调配的人力物力资源，展开一系列实际活动。

近些年，随着我国高等教育事业的蓬勃发展，"学生工作"的内涵日益丰富多彩，逐渐覆盖到了学生生活、职业规划、心理健康等诸多领域，包含了意识形态、制度管理和生活服务等多个方面。这种情况使得"高校学生事务管理"这一概念与我国现阶段高等学校学生事务管理的现状及未来发展方向相契合，更符合我国国情。凭借着一系列由国家颁发的规章制度和核心文件的颁布和执行，我们充分感受到了国家对高等学校学生事务管理的高度重视和逐步提升的关注程度。其改变主要体现为由原来被动接受的制度管理和监督慢慢转化为"以人为本""以学生为本"的人性化管理模式。通过采用灵活多样的教育教学管理手段，发掘每位学生的无限潜力，尊重每位学生在学业、就业以及生活中的主体地位，最终达成学科教育、管理育人、服务育人和学生个人发展相融共生的理想状态。也就是说，学科教育与管理育人之间能够形成相互补充、互促共进的良好格局，不但有助于推动高等学校教育的深化与升级，还能进一步加深对"以人为本"学生观念的理解和贯彻实施。

我国的部分学者对高等学校学生事务管理给出了自己的独特视角："学生事务管理是高校通过学生的课外活动和非学术性事务等方式对学生进行相对具体的教育影响，进而实现对学生的引导、教育和服务，丰富和拓展高校学生个体的生活实践，促进学生不断进步和发展的组织活动。"

上海师范大学的朱炜对此给出了具体解释，他清楚地指出："高校中，学生事务管理是管理人员通过一系列管理规章等对学生施加一定的引导、规范、服务来促进学生全面发展的非学术性实践活动。"

从整体上讲，我国的高校对于人才的塑造和培养主要是通过两种方式进行的：一方面是借助于学术事务的指导，让学生逐步掌握一定的理论知识、技术能力以及正确的价值观念；另一方面则是依靠学生事务的执行，以此来达成高等教育的育人目标。

在此期间，学术事务主要对应了高校内的教育教学科研工作内容，它往往包含了学生在校期间的学籍管理、专业学科的学习、课程内容的精心安排以及管理、教学研究、学术生活的措施等等；而学生事务则主要针对的是我国过去所称谓的高校学生工作事宜，这包括但不限于学生在校期间，除去那些有关学术事务之外的事项，由预先制定好的专门的组织架构和专业人员所负责实施的那些有目的性、有周密计划且有组织性、具有重要影响力的，关于管理者、服务者、培育者的所有课外活动。

这些活动的涵盖面广泛，包括但不限于学生的新生入学教育、居住环境和饮食质量、各类学生活动、毕业生的职业规划与就业辅导服务、学生组织的建设与管理、心理健康咨询与诊疗、突发事件的紧急应对、勤工俭学等等。

（三）高校学生事务管理与学生工作

在我国教育界内，有诸多人士习惯性地将"学生事务管理"与"学生工作"视为同义词，然而严格而言，这两个词汇实际上存在一定程度的区别。

"学生工作"作为一个特定术语（意指的是高等院校为了学生身心健康成长所开展的各种直接或间接工作的集成），至今依然在部分高校中被频繁采用。伴随着我国对外开放格局的深化推进，最初隶属于"德育工作"范畴的一些事项，例如学生心理疏导、奖助贷管理、新生报到与毕业离校手续办理、校园文化建设等等，在高等教育向普及化发展的过程中逐渐得到重视，相应出现了名为"学生工作"的新兴领域，其本质上是教育与管理两大职能并行，以校园文化建设作为补充的综合工作系统。同样，"学生管理"的概念也已逐步削弱其原有的绝对主导性的约束权力，延伸至具体管理学生各项事务的层面。就我国高校学生工作而言，其是由与教学工作、科研工作并列的专设机构和从业人员负责的，以成长发展引导、学生事务管理为主要职责的教育、管理和服务工作。

二、学生事务管理相关理论

（一）人本管理理论

人本管理，即以人为主导的管理方式，强调将人视为最核心的要素，这体现了一种人性化的管理方式。早在20世纪30年代，西方发达国家的众多企业已经将员工视作推动企业前进的无尽动力源泉，根据每个员工的个人特点、专长、技能以及心理状态等因素进行科学决策，为他们量身定制最为适合的工作岗位。这些公司的管理方式吸收借鉴了马斯洛的早期需求理论，全方位关注员工的成长历程与价值观，采用科学高效的管理机制，构建完善的企业文化体系和人力资源规划方案，以期通过这样的方式充分激发员工的工作热情、主动性以及创新精神，提升工作效益和业务表现，使得每一位员工都能在完成企业目标的过程中发挥出关键作用。著名的管理专家陈怡安博士将人本管理精辟地归纳为三个要点："点亮人性的光辉、回归生命的价值、共创繁荣和幸福。"

然而，对于高等教育机构中的学生事务管理工作而言，关键在于如何摆脱传统的以物资为中心的"物本管理"模式，转而实行"以人为本"为主导的管理方针。这意味着，高等教育机构在从事学生事务管理时，除了依靠硬性的规定和制度约束外，更要通过培养开发学生的情感态度、坚韧意志、批判思维等途径进行全面优化，尽力促使当前的学院学生事务管理工作更加人性化。在推进大学生事务管理信息化进程中，必须更加突出"以人为本"这一核心理念，学校的领导层应当明确并秉持"以人为本"与"管理育人"的信念，营造民主、自由、平等、有效的育人环境，制定并执行更为精准的管理政策与措施。在日常学生事务管理中，应将学生视作校园管理的核心，坚持"以学生为中心"的主导策略，尤其要重视当代大学生的独特特性，支持他们的个人爱好和兴趣，满足合理需求，维护基本权益和福利，发掘并拓展个性化的发展空间，提供优质服务。

（二）目标管理理论

1954年，著名美国管理学学者彼得·德鲁克（Peter Drucker）在其经典著作《管理实践》中首次提出了目标管理（Management By Objectives，MBO）这一重要核心理念。当时，科技和经济的蓬勃发展导致企业规模不断扩大，组织结构日益细化，专业化程度不断提升。然而，整体一致性和团队协调能力却往往被忽视。在这样的背景下，如果管理者不能及时对外部环境变化做出正确反应，继续采用过时的、忽视人性的管理方式，或者坚持家长式的"压抑型"管理模式，就无法全面掌控形势，甚至会导致管理层与被管理群体之间出现紧张关系。德鲁克通过深入分析管理的本质，提出了独特的"目标管理"理论，既保持了理性管理原则，又兼顾了人性化管理。具体而言，通过设定明确的目标，激发人们的工作动机，引导他们的行为方向，使每个人的需求与自身期望及目标紧密相连，从而激发出所有人的工作激情，调动人们的积极性和创造力。新的管理策略以总目标的确立为蓝图，再设定一系列细致的子目标，并通过更为严密的组织管理和监控来确保这些子目标的实现。通过以"目标"作为工具来取代传统的管理手段，以此实现对下属队伍的更好管理，可谓是目标管理的核心思想。

进入21世纪以来，随着社会进步和高等教育改革的加速推进，高校学生事务管理面临着诸多新的挑战，如招生就业体制改革、教育教学方式革新以及学生个体状况的频繁变动等。此外，互联网技术和新型传媒的迅速发展也使得高校学生事务管理信息化工具的运用充满了变数。因此，在推行学生事务管理信息化进程时，应紧密结合企业的目标管理理念，首先注重人文关怀，鼓励学生和直接参与学生事务管理的管理人员积极参与到信息化项目目标的设定中。同时，建立完善的目标体系也至关重要。一旦学校组织领导确定了总体目标，就必须有条不紊地将其分解，将学生事务管理信息化目标转化为各个个人和部门的明确目标，以确保学生事务管理信息化工作的高效推进。

（三）过程型激励理论

长期以来，激励在管理学科领域中一直是研究的核心议题之一，引起持续的关注和探讨。在多样化的人性行为假设基础上，不同学派，如行为管理学派、科学管理学派以及其他相关理论提出了各具特色的激励策略。然而，值得注意的是，"激励"一词在管理学和经济学领域中所隐含的含义存在显著差异。相对于管理学强调以人类内在驱动力为基础的激励手段，经济学更加关注通过外在奖惩手段引导人们采取特定行为。尽管如此，直到20世纪30年代后期，管理学中的"行为科学"理论开始崭露头角，成为当代具有深远影响力的一部分。现代激励理论的发展历程经历了从对激励内容的关注向对激励过程深入探索的转变。简言之，过程型激励理论主要着眼于研究个体从产生动机到行动实践过程中的心理变化。著名的期望理论即是过程型激励理论的代表之一。美国心理学家弗兰克·弗罗姆提出的"期望理论"强调，个体对于行为可能带来成果的期待程度和实现这些成果所需付出的努力意愿决定了行为倾向的强度。期望理论的基本模型可概括如下：

激励 = 效价 × 期望值。

这一公式说明了当某项行动具有高效价且实现可能性较高时，能够极大地满足个体需求，从而产生理想的激励效果。相反，即使某项目标实现可能性较高，若对个体缺乏实质吸引力，则难以激发个体积极性。因此，为达到理想的激励效果，应确保效价和期望值处于适当范围内。

在学校事务管理信息化建设方面，旨在满足广大学生和一线管理工作者的实际需求，提高信息技术在教育事业中的效率和便捷性。同时，针对不同学生事务管理部门，在推进信息化建设时应重视实施合理的激励政策，以激发各部门和个人的参与热情，确保信息化建设充分满足各部门和个人的需求。

三、管理信息化的有关理论

（一）项目管理理论

在20世纪第二次世界大战末期，美国作为全球军事科技进步和经济转型的先锋，开始积极倡导并推广项目管理作为综合管理技术的核心体系。这种管理模式最初源自美国政府在实施大规模、高度复杂的项目，如"曼哈顿计划"等先进工业产品的研发过程中所采用的方法。如今，项目管理已成为现代管理学科中的一股重要潮流，它是一种高度复杂、耗费巨额经费、严格遵循工期要求的管理模式，旨在通过系统化的思维方式、科学严谨的方法和深厚的理论基础，对项目的各种关键活动和工作进行高效有序的管理。项目管理涵盖了项目从投入资金决策到最终完成的整个运作过程，包括规划、组织建立、指挥调度、调节处理、监控评估等环节，以实现项目既定的各项目标。

随着社会的持续进步和以计算机和网络为主导的信息技术的迅速发展，项目管理理论已经在经济、文化艺术、政治管理等多个领域得到应用。特别是在信息化项目领域，信息化建设虽然满足了项目所有特性的要求，但由于信息化项目具有潜在的巨大风险，因此确保项目顺利完成至关重要。在这种背景下，如何在信息化项目运作过程中应用针对性的项目管理思路和方法以提高工作的有效性显得尤为重要。此外，考虑到信息化工作涉及的管理、技术和人力资源等多个方面，会受到多种因素的影响，产生复杂的相互作用。因此，在信息化项目中应用项目管理的理念和方法对于提升信息化工程的实施效率和保障项目质量至关重要。例如，有效地将项目管理的基本原理应用于学生事务管理信息化项目，并结合信息化技术特色开发完整的管理系统，对整个项目进度进行全员参与、全程监控和持续跟踪，这样无疑将显著提高项目的整体成效，使项目达到预期目标。

（二）系统动力理论

系统动力学起源于20世纪50年代，由美国麻省理工学院教授福里斯特（J.W.Forrester）倡导，并在其经典著作《工业动力学》中首次提出。起初，这一理论主要应用于工业企业管理，因此被称为"工业动力学"。然而，随着学科的发展，系统动力学的应用范围逐渐扩展至经济、社会等多个领域，因此福里斯特将其更名为系统动力学。自第二次世界大战结束以来，随着计算机和信息技术的不断发展，福里斯特教授于1955年提出了一种以计算机仿真为基础的研究方法，即系统动力学（System Dynamics，简称 SD）。1960 年，福里斯特教授在《系统原理》一书中详细阐述了系统动力学的基本构造。

系统动力学得到了持续发展，并引起了国际学术界的高度关注，特别是受到了福里斯特教授系统观的影响。这一学科严格遵循系统方法论的基本原则，用以反思和探究客观世界的运行规律。经过几十年的发展，系统方法论日臻完善，全球系统动力学学者选择以"系统思考"（System Thinking）作为概念诠释系统方法论的基本纲要及其系统思维观念。

决策过程理论是系统动力理论的核心组成部分之一，其强调企业生产运营决策是一个系统性的过程。这些决策制定和实施过程受到外部环境的影响，因此不能仅依靠个人意志来控制。为了更好地适应外部环境的变化，必须借助规范化的规章制度和操作规程来预测可能的反馈效果。系统动力学强调在决策制定过程中积极探索环境对决策的影响以及决策对环境可能产生的反馈效果。

在高校学生事务管理的信息化工作中，涉及到众多科室的协调和多层次人员的参与。各方参与者拥有不同的信息化目标。因此，运用系统动力理论指导高校学生事务管理的信息化建设符合实际要求。

（三）信息化绩效评价理论

在上世纪 90 年代初，美国学者杰洛涅（Delone）和麦克莱恩（Mclean）提出了以 D&M 模型为核心的信息系统实施成效评估模型。该模型将信息系统成功定义为一个兼具时间因素及因果关系的过程，并于 2003 年进一步创新提出信息系统成功模型。该模型从信息质量、系统使用情况、个人影响、组织影响力、用户满意度以及系统品质六大要素出发，全面考量信息化建设的成败得失。此外，美国学者戴维·诺顿（David Norton）和罗伯特·卡普兰（Robert S. Kaplan）提出了以客户满意度、财务状况、学习与发展能力、内务运营流程四个维度综合评估企业整体业绩表现的平衡计分卡（BSC）绩效评估体系。这些理论研究对企业信息化绩效评估的理论体系做出了重要的补充。

在国内，刘凤琴、唐志容等专家逐步取得了对企业信息化评析的研究成果，并推出了我国企业信息化评价测量的指标体系。2002年10月9日，我国发布了首个以效益优先考虑的信息化指标体系——《企业信息化基本指标构成方案（试行）》，旨在全面评估我国各类企业的信息化发展状况及实际应用水平。

在公共事务领域，英国审计委员会提出了"3E标准"，即经济、效益、效率，将其作为衡量公共组织绩效的基本准则。然而，针对高校信息化的投资与需求层面，我们应关注公平性，即公平性要求应得到充分展示。因此，绩效评估应采取"4E"标准，包括经济、效率、效益、公平。从针对高校信息化绩效评估角度而言，这一标准通常包含以下四方面绩效指标（4E）：

1. 经济/成本准则。在高校信息化实践中，经济性因素的评估针对经费投入情况，旨在以最低的资源投入为师生提供既定品质与数量的信息化服务与产品。

2. 效率/生产力标准。这一部分关注高校信息化实践中的投入与产出比值，旨在以相对较低的代价获得最大化的效益回报。

3. 效果/质量准则。针对高校信息化实践结束后的评估，重点关注各利益攸关者的满意度、教学质量提升以及实际运作目标达成情况，着眼于目标设定与成果呈现。

4. 公平原则。关注信息工程效果在各社群间的公平分配，确保信息化服务的公正性，尤其关注弱势群体在享受服务方面的公平待遇。

在探讨高校信息化绩效评估时，应借鉴企业成功经验与理论框架，构建适合自身需求的信息化绩效评价模型。同时，以学生事务管理信息化为例，挖掘其中具有参考价值的实践历程与理论精华。

四、高校学生事务管理信息化

高校学生事务管理信息化旨在以互动化的学生工作信息网络为依托，通过全方位的信息化应用服务体系，优化传统的学生事务管理工作流程，实现更便捷高效的学生工作管理模式。

（一）高校学生事务管理信息化内容

学生事务管理信息化通过构建功能完备的学生事务管理网络平台，实现数字化和流程网络化的学生信息管理模式转型。其核心目标在于优化传统工作流程，整合、归纳、运用和分享各种信息资源，推动学生事务管理的深度优化。在这个信息化运作体系中，学生信息管理系统起着关键作用，是高校学生事务管理信息化的核心所在。同时，学生档案信息始终处于信息处理环节的核心位置。

（二）信息化高校学生事务管理的构成要素

高等院校学生事务信息化管理是一项复杂的整体性行为，涉及到信息网络、信息资源、信息技术的应用、信息化人才、信息化产业的发展以及信息化政策法规的制定和执行六个关键要素。这六个要素相互依存、相互作用，构建了一个系统完整的高等院校学生事务信息化管理体系模式。信息网络作为基础，信息资源为核心，通过信息技术的应用将信息资源融入实践，而信息化人才、信息化产业以及信息化政策法规则为体系的顺利运行提供保障。

以下对信息网络、信息资源、信息技术应用、信息化人才、信息化产业以及信息化政策法规这些要素及相关概念和价值意义进行阐述：

1. 信息网络

信息网络是高等院校学生事务信息化建设中的关键组成部分，是实现学生事务管理信息化任务的必要基础和前提条件。当前，各大高等院校普遍倡导并实施"数字化校园"战略，加快校园网络建设的速度。几乎所有高校都建立了自己的校园网络，并能够与我国教育管理网无缝对接。各级管理机构实现了电子化办公，积极建设管理网站。此外，为了保证学生获取网络信息的便捷性，高校加大了对学生电脑室、网络实验室和宿舍区域内局域网的建设投资，为高校学生事务管理信息化奠定了坚实基础。

2. 信息资源

学生事务管理信息资源包括用于高校学生事务管理和管理过程中的各类信息资源。合理有效地开发和利用这些信息资源是学生事务信息化管理的核心，也是决定管理成败的关键。信息资源可分为两种：一种是以多媒体素材为基础的多媒体信息资源，包括各类工具资源和互联网资源；另一种是以学生信息系统中基础数据为主导的学生信息资源，包括被管理对象、管理内容、管理资源及其支持服务体系等元素构成的数据库资源。

3. 聚焦信息科技的深化运用

在高等院校学生事务管理中，广泛运用信息技术已成为构建信息化学生事务管理体系的核心动力和最终目标。当信息网络基础设施和信息资源充足时，信息技术的深度应用自然成为推动高校学生事务管理信息化建设的主要力量。可以毫不夸张地说，衡量高校学生事务管理信息化建设的成效关键在于信息技术的深度应用。因此，我们应该专注于推进以下四个方面的工作：

（1）加强与思想理论、方法论紧密相关的设计与开发工作。这些工作决定了信息技术在学生事务管理领域的发展方向，直接影响着信息技术在管理流程中的成效与质量。

（2）精心构建适合当地实际情况的学生事务管理信息化环境、目标受众以及具体的教育管理内容的信息化模型，以保证信息化管理工作的有效性。

（3）提升管理者及其所管辖的受管理者在信息技术应用方面的兴趣爱好和基本操作技能，以便提供更加全面优质的服务。

（4）在各高校乃至整个教育界范围内，积极推动信息技术与学生事务管理有效集成融合的理念研究和实践，为学校信息技术管理应用工作奠定坚实的基础。

4. 发掘创新性的管理策略

为了实现高校学生事务的信息化管理，首先需要培养大批具备扎实信息技术基础知识、前沿学生事务管理理念和卓越信息技术应用能力的学生事务管理高级人才。

在高等教育领域中，信息化管理专才可分为广义和狭义两类：广义上的信息化管理专才包括在高等院校从事与学生教育、管理、服务相关的各项工作的各级各类人员，他们需具备本领域的信息技术知识、能力和素质要求；狭义的信息化管理专才则是指那些专门从事学生事务信息化管理物理形态技术和智能形态技术研发，并负责高校学生事务管理应用程序和系统运行维护的专业人士。

对于广大的非专业信息化管理人才，他们至少需要具备初步的数据收集、分析和处理能力；而对于专业化程度较高的人才，则需要在分工和专业性上做到更加精细化，例如高级软件工程师、网络架构师等特定范畴的人才。

5. 信息化产业

信息技术涵盖了对信息进行采集、处理、存储、交流以及运用的全面方法体系。这一体系既包括各类信息媒介，如印刷媒体、电子媒体和计算机网络等实物化形态的技术工具，也涉及如何运用这些信息媒介进行智能化的信息采集、处理、存储、交流以及应用等工作流程。因此，信息技术实际上由信息媒介及其应用方法两大元素构成。信息技术的核心在于信息的数字化和信息传播的网络化。在高校学生信息化管理技术支持领域中，信息技术是实现学生信息化管理的首要驱动力。

信息技术产业主要分为信息技术设备制造业和信息技术服务业。信息技术设备制造业的发展需要强大的技术支持和充足的资金投入。在推进我国高校学生信息管理过程中，我们应寻求社会各界力量的互补与协同作用，通过分工合作来推动信息技术产业的发展。在此过程中，学生事务管理信息技术产品的制造环节应充分调动学生事务管理部门、科研机构和相关企业等具有高效互补性的参与方，以实现学校从产品研发中解放出来，并形成以校内信息资源开发与利用为核心的信息技术服务模式。

6.信息化政策法规

高校学生信息化管理是一个庞大且复杂的系统工程。为了确保教学管理信息化工作顺利开展，我们需要在学生事务管理信息资源开发、学生事务管理信息网络构建、学生事务管理信息技术应用以及学生事务管理信息产业发展等关键环节制定相应的政策法规。这些政策法规的制定标志着教学管理规范化和程序化的完善，同时推动教育信息化向更高阶段发展，为有序开展教学管理信息化工作提供了明确的指导和具体的实施策略。

（三）高校学生事务管理信息化的性质和特征

高等学校信息化建设的价值在于运用现代尖端的计算机科技以及互联网技术，为全校提供安全稳定的网络环境、严谨实用的行政管理以及优质丰富的信息资源的数字化整合。具体而言，实现校园网络环境的全面覆盖是信息化建设的基础，行政管理运营的科学性和规范化是其可靠保障，而信息资源的数字化统筹则是其核心要素。

高等学校的信息化建设不是一蹴而就的，而是一个实时变化且持续推进的过程。它是一种不断深化对传统教育理念、教育模式、行政管理体制、组织架构以及业务流程进行改良和优化的创新方式。这种改革不仅大幅提升了各项教学活动、科研工作、管理事务以及服务事务的生产力和质量，还使得人们对教育的理解和认识随着科技的进步而变得越来越深刻。

从静态的角度观察，高等学校的信息化具有明显的系统属性，形成了自身独特的运作体系。在表面上，它是一个由综合的信息化观念、信息化组织、信息化管理、信息化事务和信息化工具等多个方面组成的整体。从内在构建来看，它由网络平台体系、信息资源和数据库体系、信息化应用和服务体系、信息化规范和标准体系、组织管理体系以及技术安全保障体系等多种元素共同构筑而成的完整系统。

（四）信息化技术在高校学生事务管理中的应用方式

面对学生事务管理工作的多重挑战，各高校应立足全局，充分发挥信息化科技手段的优势，以更好地把握学生的思想动态及变化趋势，并调整和完善管理策略。

1. 全面构建适应信息化环境的完备的学生事务管理体系

随着信息时代的迅速发展和智能化技术的不断进步，人们的生活方式和行为方式已经发生了显著变化，自助服务模式逐渐成为各行各业追求的首选。在这一背景下，高校学生事务管理模式也应顺应时势，力求构建一个现代化、信息化的管理体系，使学生在享受自我管理带来的便利性的同时，培养自我约束的良好习惯。

2. 充分利用智能设备，深入了解学生的真实想法

高校学生思想活跃、多元化，成为学生事务管理工作中的重点和难点所在。面对这一挑战，各高校应充分利用智能设备的力量，通过互联网的隐蔽特性与学生展开深入的沟通交流，实时掌握学生的真实想法，以便进行积极引导，帮助他们尽快调整心态，全身心投入到学习和成长的道路中。在实际执行过程中，各高校应重点做好以下几点：

（1）明确规定利用智能设备与学生沟通交流的方式和方法，确保所有

人都能在平等的基础上进行对话，摒弃传统的师生、上下级关系，营造一种相互尊重、畅所欲言的氛围；

（2）严格保障沟通过程中所传递信息的私密性，避免泄露学生的个人隐私；

（3）管理教师应认真倾听学生的全部阐述，避免过早打断或忽视学生的发言，以充分理解学生的内心世界，并为他们提供有效的支持和引导。

3. 构建高效畅通的电子化反馈机制

当今的大学生思维活跃，敢于创新，有梦想并且勇于实践，对学校的日常事务有着独特的看法和疑惑。然而，许多学生的合理建议过去由于校方的轻视而被忽视，仅在年末汇报中被提及几句，导致具有前瞻视野和创新精神的年轻人的理念未能得到充分认可和实现。因此，高等院校有必要搭建一个高效畅通的电子化反馈机制，实时接受来自广大师生的意见和需求，并及时给予回应。许多大学目前正在筹划新建校区，这涉及到场地规模、基础设施等方面的质的变化，例如智能化图书馆、游泳馆、健身房等。然而，这些工程需要长期的投入和建设才能最终完成，一些学生甚至可能在整个学业期间都无法亲眼见证它们的落成。面对这种情况，学校管理人员可以借助电子化渠道向学生通告，即便他们离校后，他们的母校依旧不变，即使现在无法享受到新的设施和服务，未来他们也可以随时回到校园，感受昔日的美好时光。高校学生毕业后，尽管会走向不同的地方，但他们会永远怀念曾就读的学校，特别是在重视学生意见，利用现代科技手段与学生保持亲密沟通方面。已步入社会的毕业生会通过亲身经历，给学弟学妹带来正确的引导，从而确保高校学生事务管理工作持续高效地运作。

综上所述，我国高等教育事业的整体水平正在逐步向更健康、活跃、优质的方向发展。在这一背景下，高等院校学生事务管理工作更需要从学生心理层面及实际需求出发，积极深入了解他们的真实想法，并提供正确的指导引领，以培养每位在校大学生的正确人生观、价值观和世界观，助力他们成长为能够为国家繁荣富强尽心尽力的优秀人才。

第二节　信息化发展对高校学生事务管理的影响

一、我国高校学生事务管理的现状

当下，我国绝大多数高等院校在校园信息化基础设施的配备以及信息化管理平台的建设方面取得了显著成就，已初步实现了各类学生事务的全方位信息化管理。

（一）高校学生事务管理信息化的基础设施建设不断完善

自 20 世纪 90 年代以来，我国教育信息化事业蓬勃发展，各大专院校作为其中的重要组成部分，也迎来了前所未有的发展机遇。在校园信息化基础设施建设、计算机系统研发以及高水平信息化人才培育等方面取得了显著成果。目前，全国各地已逐步构建了覆盖广泛、功能齐全的中国教育科研网、地区级教育网等大型网络格局。各高校也积极推广校园网络的应用，并与互联网安全相连；现代化设施，如多媒体教室、数字图书馆、自助校园导航终端等正在逐渐普及。当前，我国的教育信息化事业进入新阶段，信息技术的深度和广度得到了前所未有的扩展。在这些现代化基础设施中，尖端通信和计算机技术得到了广泛应用。许多高校已全面实现了信息化管理，例如在新学年入学注册、课程咨询等方面。

（二）高校学生事务管理信息化系统和平台建设日趋完善

教育信息化的核心在于构建符合教育行业特性的综合性信息资源系统。这种信息化平台不仅仅是传统意义上的事务管理工具，更是融合了决策支持、行政事务处理等多维功能于一身的综合管理服务平台。其主要目的是满足教育机构内部信息资源的高效管理与有效应用需求，建立起一套全方位、立体式的高等院校管理信息系统应用体系。在实际操作中，数字化校园网络平台通常由以下几个层级架构组成：

1.计算机硬件基础设施的建设是高校信息化平台的关键，涵盖各类计算机设备、交换器、校园网专属服务器等硬件设备，是高校校园网建设的基石；

2.数字化校园的核心是各类数据库的创建与维护，包括学生信息数据库、教师信息数据库、档案信息数据库、教学资源信息数据库以及管理信息数据库等，这些数据库虽然各自独立运行，但彼此间却存在紧密的内在关联性，学校通过各数据库间的相互连接，使师生在查询相关资料时更加便利；

3.基础信息服务指的是数字化校园在信息共享软硬件环境的支撑下，为师生提供的各类基础应用服务，例如校园一卡通管理系统等。此外，高校作为教育信息网络资源技术开发与应用的中心所在地，具备丰富的通信、网络、计算机等专业学科人才储备和强大的科技实力。各大高等院校已经启动校园网的搭建工作，覆盖了学校建设、师资队伍、后勤保障、就业指导以及互动交流等各个方面，为广大在校生提供便捷快捷的一站式服务。随着信息化系统和平台建设的不断完善，从初始的数字信息化建设到如今各高校信息化平台的日益强大和完善，这种发展趋势日益明显。

二、信息化为高校学生管理工作提供了新的机遇

（一）信息化实现了高校学生管理工作的科学数字化

随着全球范围内社会信息化趋势的不断推进，互联网科技作为最具代表性的领域之一取得了重大突破。在这个大潮之下，各高等院校的学生教

育工作也受到了极大的冲击和颠覆。信息化进程引领着学生管理工作逐步向数字化方向发展。过去，高校统计学生基础信息往往采用逐个学生单独填写信息登记表的方式，便于辅导员及其他教师掌握学生的具体情况。然而，如今的研究表明，许多原本依赖纸质文件实现的学生信息统计已全面转向数字化储存方式，仅需简单的搜索操作即可找到所需的学生信息。此外，高校数字化校园构建过程中的每一套新系统都必须与中央数据交换平台高度兼容，并严格遵循数字化校园的相关标准。因此，新系统的业务数据常常被实时提交至中心数据库，以实现学校数据管理的统一、标准化。这使得学校在数据管理层面具备了更高的规范性、集成性和权威性，有效保障了数据的完整性、有序性、一致性和共享性。这样的举措为各类业务系统及其终端用户带来了更为便捷、高效、安全的数据存储解决方案，实现了对数据资源的有序组织和统一管控，并有力推动和促进了职能部门的业务规范化以及学生管理工作的科学化程度。通过推行高校学生管理信息化的举措，我们可以使学生管理的各项事务及其管理流程更具科学性、制度性和规范化特征。这种新型模式有效规避了以往因过度人工干预而产生的繁重工作量，大大简化了诸多原有繁复的重复性工作环节，降低了人为失误的风险，节约了人工成本，减少了工作量，提升了工作效率，并拓宽了学生管理团队成员的工作视野与创新空间。

（二）信息化加强了高校师生间的沟通与反馈

高等院校的成年大学生群体作为具备较高文化素质的特殊群体，在网络时代受到了极其深远的影响。这庞大的学生参与群体为高等教育中的学生管理工作提供了极大便利，同时也拓宽了沟通和汇报渠道。

随着信息技术的不断发展和广泛运用，低成本且高效的信息工具已成功渗透到高等教育机构学生管理的各个方面。生动而实用的信息技术不仅得到了大学生们的热烈追捧和广泛使用，同时也大幅提高了教师与学生之间的沟通效率。微博、微信等网络新型传媒工具具有的即时互动性、移动化特征、个性化服务以及主动推送等优势，使其逐渐成为不容忽视的传播形式，并受到广大群众的热烈欢迎。我们通过对高等教育机构学生管理者的深度访谈发现，他们普遍认为高等院校的学生普遍倾向于使用微博、微信等新媒体。若能充分利用这些新媒体的特性突破传统教育工作的局限，则有望显著增强人际交流与沟通的效果。由于网络等新型传媒具备信息资源丰富、共享便捷、高速传输等优点，高等教育机构若能加以合理利用并实时传播各类时事资讯、前沿思想及典型案例等信息，学生管理工作者则可依据个人喜好整理出一套富有创意的资料库，使教育的内容更为丰富多彩、灵活多变。这不仅有助于大学生培养开阔的眼界、提高自身修养，还可以使教育工作呈现出多元化的特点，为全面推进高等教育机构的学生管理工作创新创造优越条件。

（三）信息化让高校的学生管理工作更加高效便捷

学生管理工作的信息化与数字化已逐步成为推动高等教育机构向现代化迈进、实现更高效管理的强大引擎。学生工作信息化既是顺应信息社会发展趋势的表现，也是实现在线服务终身化的具体策略。它不仅是实现人本治校理念的有效途径，也满足了社会信息化的要求。这种以学生为核心、将学生工作信息化与人文主义教育相互融合的制度设计，有力地推动了高等教育机构学生工作的现代化进程，使整个过程更加高效流畅。

三、信息化对我国高校学生事务管理的积极影响

信息技术在高等院校中的迅速普及和推广，极大地方便了广大同学们的日常学习和生活，并显著提升了学校管理部门的效率水平。为更好地满足广大师生的需求，学校在推进校园管理改革的过程中，越来越强调提供更为便捷高效的服务。

（一）信息化促进数字化校园的建设

数字化的定义实际上是指利用现代信息技术手段，将文字、语音、图片、动画等各类物理形态的信息转换成特定的数字格式进行录入、储存以及传播，简化而言即是将信息处理过程实现全面计算机化。数字化校园旨在构建一个以校园网络为基础平台、以信息化管理为核心驱动力、以信息化服务为坚实支撑的高效便捷的校园管理体系。在此过程中，融合了物联网、云计算、大数据等前沿技术，使得学校主干网络能够覆盖全校范围，实现与图书馆、食堂等各类自助智能终端设备的无缝对接，从而打通校园网与区域主干网络的壁垒，实现教务管理、学生事务管理、教研信息一体化的目标。这样，教师和同学们就可以随时随地享受来自校园网络的快捷信息服务。因此，建设数字化校园实质上是打造一个集理论与实践为一体、技术力量雄厚且应用领域广泛的信息系统，最终实现信息服务数字化、智能化以及信息管理自动化。实现学生事务信息化管理的关键在于借助智能化的电脑系统，整合学校的行政管理、学生事务服务等多个子系统，使各个相关部门之间的数据库得以实现充分共享。通过网络渠道，各类信息得以转化为数字形式呈现出来，相比过去依靠人工上传下达的繁重工作模式，信息的传播速度和覆盖面得到了大幅提升，进一步提升了工作效率，有力推动了数字化校园的建设进程。以华中师范大学为例，校内师生均可持有多样化校园一卡通。学生可以凭借此卡享受图书馆的各项服务，还能在食堂、学校各大超市自由消费，并在校园的各个教学楼、食堂以及圈存机上进行银行圈存、领取补贴以及查阅账单等操作，真正实现了"一卡走遍校园"的理念。除了上述功能以外，学校还设立了博雅论坛，让学生有机会在此浏览各类关于休闲娱乐、兼职就业等多种话题的动态新闻，同时他们亦可实名注册，在论坛上畅谈观点，表达心声。

（二）信息化创新高校人才培养模式

人才培养模式是指高等教育院校依据国家对于培养高素质人才的战略规划及质量评估标准，构建大学生所需知识、技能和综合素质结构，并确立相应实施途径。目前主流的高校人才培养模式，过于注重教育教学的标准化、专业化和统一化，通常以家庭、学校及社会共同构建的协作培育体系作为主要手段。然而，这种模式缺乏有效的信息交流共享机制，难以及时反馈每个学生的独特需求，因而难以实现个性化服务和针对性培养。面对当下急速变化的社会发展趋势，我国已全面迈入信息化时代，智能创造力得到广泛推广和应用，对个人思维方式、经济行为方式乃至社会实践产生了深远影响。因此，高校在人才培养过程中必须顺应时代要求，贴近社会发展步伐和实际需求，着力提升在校生的综合能力和职业素养。若在校生能熟练掌握和运用信息技术，便能借助专业知识对各类信息进行深度挖掘和剖析，做出明智的思考判断，开展科学实践，更好地适应日新月异的信息社会环境。优秀高校培养的人才绝非温室中的娇弱之花，而是能够投身信息化浪潮中，在市场竞争中脱颖而出的高素质精英人才。鉴于当前阶段高校信息化发展尚处于以校园网络为依托，持续强化和完善的阶段，传统的人才培养模式已明显滞后于时代潮流，必将被信息社会淘汰。因此，我们有必要充分抓住高校信息化建设的良机，积极推进人才培养模式转型升级；同时，以人才培养模式升级转型为契机，进一步推动高校信息化事业蓬勃发展，真正实现人才培养与信息化建设双管齐下、相互促进、协同进步的理想状态。

（三）信息化促进高校工作载体创新

高校教育载体作为一种教育活动形式，承载、传输着教育元素，并促使教育实践主体之间的相互作用。典型载体包括班会、研讨会、电视节目、电台广播等。传统的高校工作载体主要涵盖口头交流、书信往来、电话沟通、阅读报刊、收听广播电视等途径。然而，随着技术的飞速发展和时代的变迁，传统载体已经难以满足信息爆炸时代的需求。当今，互联网已成为主要信息获取渠道，因此，高校教育载体必须顺应时代潮流，与信息技术相结合已成必然趋势。网络的虚拟性使得大学生能在其中建立虚拟集体、社区等。QQ、微信、短信、微博等社交媒体工具已广泛应用于大众交流。将新媒体纳入高校教育领域，是信息技术发展的客观要求，也符合载体创新和丰富的需求。新载体的涌现扩展和深化了传统思想政治教育载体。手机的普及使短信成为新的教育载体，学生能随时随地接收高校教育内容。微博则以其庞大用户群和即时传播特性成为新的教育平台。高校可建立微博平台，发布通知政策和吸引学生关注的内容，增强工作针对性和有效性。此外，学校应挖掘学生感兴趣的事物背后的教育价值，实现一举多得的效果。高校网络心理咨询通过电子邮件提供指导和帮助，比传统信件更便捷，有助于学生解决问题。综上所述，信息技术的发展推动了高校工作载体的创新和变革。

四、现行高校学生管理工作制度与管理手段在信息化背景下的适应性分析

目前，对于当前高等院校学生管理工作制度及其管理策略在数字化转型时代的适应性进行深入分析显得十分必要。尽管学生管理信息化已得到广泛实施，但其发展仍处于探索和实践的初级阶段，对于如何充分有效地利用这一工具，一些管理者可能仍存欠缺。任何事业若缺乏规范和引导，其发展必定会受到困扰。特别是在信息化技术应用领域，制度上的缺陷可能导致管理人员在该领域表现不佳，各种工作流程和操作方式的不一致可能会导致混乱，进而影响学生管理工作的顺利开展。

在推动高校学生管理信息化进程中，常常会遇到多头管理或职能部门

之间利益冲突等问题。这些问题使得教育信息化基础设施无法发挥其优越性能，反而可能造成设备重复购置、信息资源浪费以及使用率低下等不良后果。此外，部门间协作沟通不足和缺乏强有力的主导机构也是问题所在。学生管理信息化应是全方位、全覆盖的系统性信息建设项目，其核心不仅是数据存储和输入，更应实现信息资源的深度挖掘和共享。

五、高校学生管理工作信息化中的软件与硬件配置需求分析

学生管理信息化涉及领域广泛，需要办公计算机、网络服务器、多媒体设备、电教设备等硬件设备，以及专门用于学生信息管理的各类应用软件。然而，一些高校领导团队未能充分理解和重视学生管理信息化的重要性，投资不足。领导层对学生管理信息化的认知存在偏差，认为其可有可无，缺乏前瞻性战略思维。此外，缺乏关键硬件设备和软件支持将限制信息化建设的效果。经费投入是学生管理信息化顺利开展的基本前提，但一些高校未建立健全的经费投入机制，导致信息化建设受限。

第三节　教育信息化背景下高校学生事务管理机制构建路径

在当今信息科技迅速发展的背景下，高等院校对学生事务管理工作提出了更高的要求，这一领域已经演变为一个庞大而复杂的系统工程。其最终目标在于建立全面的学生事务信息化管理模式，使信息技术成为推动管理革新的主要手段。高等院校需要充分利用一切有利的信息化建设条件，全力推进信息化校园的建设，确保每一位在校学生都能享受到信息化带来的便利。在此基础上，高等院校还应深入研究和探索适应新时代的学生事

务管理创新指导思想。这意味着在信息化校园的愿景指引下，培育出适应信息化需求的新型管理理念，改进和完善传统的学生事务管理机制，大力提升信息化人才的综合素质，丰富和拓展学生事务管理的内容、方法和形式。同时，还需要积极开拓创新之路，全力推动学生事务管理信息化的创新转型。

一、明确信息化背景下高校学生事务管理创新的目标和任务

在信息化时代，高校学生事务管理的创新目标和任务需要清晰明确。面对信息技术带来的变革，我们必须充分利用优质教学资源和尖端技术，引入创新的运行机制和管理模式，整合资源，建立先进、高效、实用的数字化教育基础设施。校园宽带网络的全面覆盖将优化学习环境，完善教育信息化体系，提升信息化服务品质，引领教育改革和发展。学校信息化是教育信息化的核心，依托先进的计算机硬件设备和信息共享实现，旨在使每个在校生都能熟练运用各类信息技术。高校学生事务管理的信息化是信息化校园建设的重要组成部分，利用尖端技术高度整合各种管理信息，优化管理流程，完善制度，构建科学、合理的信息化管理平台，为教师和学生提供高效、优质的管理服务。具体而言，高校学生事务管理的信息化建设包括完善信息化基础设施、推动数字化校园建设和深度优化信息化管理程序等方面。在信息化建设中，先进的信息技术是关键，如利用相关硬件和软件技术支持，将各类学生信息按照标准输入管理系统，以方便管理者和学生查询和调用。高校学生事务管理的信息化不仅是将传统管理工作转移到网络上，更重要的是进行针对性改进，调整管理架构、重构功能，并改进和更新烦琐、陈旧的信息管理程序，实现传统管理思路的转变。只有这样，才能提高管理效率，为高校师生和整个社会提供更优质的管理服务。高校可以保存优化的管理程序以备将来升级使用，节省开发成本，推动学

生事务管理向规范化、系统化、科学化迈进。管理者通过科学方法整合、加工、处理管理数据，优化程序流程，提高办事效率，为管理高层提供宝贵的管理经验。

二、培育适应信息化的高校学生事务管理新理念

要培养符合信息时代变革需求的新型高校学生事务管理理念，我们必须进行理念的创新。这种创新不仅仅是形式上的变化，更关键的是在内涵上进行深度和广度的开拓与升级。简言之，理念创新是一种高度凝练且具有集体智慧结晶的现象，其目标在于提升自主创新能力，不仅关注人类外在明显性理念的塑造，更重要的是挖掘和理解融入个体思维的隐性理念。通过管理理念创新的策略实施，我们希望能够使学生事务管理工作者们在信息化浪潮中保持思想开放状态，充分整合集体智慧，开创更多优化学生事务管理、提高效能的新思路。

（一）高校学生事务信息化管理的新理念

1. 柔性管理理念是值得关注的

随着时代的不断发展，柔性管理理念逐步成为新时代的发展方向。当人的知识价值得以大幅提升之际，个体的全面成长和主体性发展日益受到重视。回顾历史，20世纪中期，美国著名的管理学者道格拉斯·麦格雷戈提出了X-Y理论，明确指出个体的目标导向性和内在发展潜能是不可忽视的发展因素，而这并非完全受到后天环境的影响。因此，管理者的职责是建立一个可以消除发展障碍、激发个体潜力、推动个体成长的平台。同样的，另一位美国管理学专家弗理孟特·卡斯特在20世纪后期提出了权变理论，主张管理者应当灵活应变，根据实际情况随机调整策略和手段，以更好地应对各类挑战和风险。柔性管理理念在此基础上结合了X-Y理论和权变理论的卓越之处，逐步演变成一种更为科学有效的管理理念。

在高校领域，柔性管理理念主要关注学生管理方式、学生管理机构以及高等教育核心理念的提升与转变。大学柔性管理理念基于对学生身心发展规律的深入研究，通过强调民主方法进行学生引导，使其能够自发自愿地将校园目标转化为集体自觉行为的意识形态。大学柔性管理理念的施行体现在微观层面，对学生的管理不仅摒弃了传统的家长式指挥，更加尊重学生的差异化需求，鼓励他们积极参与决策，进一步强化管理者的服务意识，这需要提高学生事务管理人员的专业素养。相比于传统的高校学生事务管理理念，大学柔性管理理念的显著优势在于将管理理念渗透到日常生活中，通过尊重和关怀激发学生的主动性，逐步从被动接受转变为主动践行。柔性管理理念利用满足学生需求来达成管理效果，而非仅依靠严格的规章制度。在高校学生事务管理领域，我们必须把握柔性理念相较于传统理念的独特优势，在继承既有理念的基础上寻求双方的有机结合，以提高大学生事务管理的整体水平。

2. 我们来深入探讨服务推荐这一先进的概念

推荐系统是一种利用特定数据库内的数据，通过分析和处理相关信息，自动为用户提供迅速且精准的资讯，并根据用户的反馈持续修改和完善信息推送效果的技术应用方式。推荐系统应当具备根据用户独特心理需求提供实时信息服务的能力，同时积极主动地收集并预估用户可能感兴趣的资料，提前展开信息收集和整理工作，以实现个性化信息服务的目标。推荐系统的重要特性包括主动性、效率和灵活性。主动性意味着推荐系统在用户未提出信息查询请求之前即能主动传送可能有用的数据；效率则强调推荐系统善于利用网络闲暇时段传送大量数据信息；而灵活性则体现在用户可以随时调整自己与系统的连接时间，自由获取在线音频、视频等个人选定的信息资源。当这些优秀特质融入大学学生事务管理领域时，我们将其称为服务推荐理念。通过借鉴并充分发挥服务推荐技术中的主动性、高效性和灵活性，我们可以提升大学学生事务管理人员的主动服务意识水平至更高层次，将其视为战略思维发展的核心观念之一。每位管理人员都应秉承"让每位学生满意"的服务宗旨，满足各类学生的个性化需求，以此作为提供信息服务的终极目标。因此，利用服务推荐技术，我们将竭诚为每一位学生提供优质的信息服务。

（二）更新信息化的高校学生事务管理理念的途径

1. 在高等院校学生事务管理信息化建设中，首要的步骤在于积极面向教育培训活动，努力掌握学生事务管理的最新策略与理念。为了确保信息化管理的顺利进行，必须遵循以学生需求为中心的原则，并着力提升管理团队成员的信息化意识。因此，我们需要实施教育培训计划，深化管理人员对信息化管理的认知。管理者的信息技术能力和执行力将直接影响整体信息化进程。因此，我们必须加大力度提升管理人才的信息化技能培训覆盖面，确保每位参与者都能够掌握信息技术的相关知识与实践操作技巧，并能够对学生信息进行适当加工处理，如学籍档案、入学登记、学生选课记录等。

重要的是，我们需要促进管理人员对信息技术重要性的深入理解，使其认识到在信息爆炸的时代，信息技术发挥的重要作用。同时，我们需要引导他们树立在日常管理过程中主动运用信息技术的观念，倡导符合现代信息技术发展趋势的新型管理理念。这项任务在信息化培训中显得尤为重要。

建立一个专业化的信息技术团队，成为信息化培训的坚实保障。同时，引入一批计算机专业的优秀学生进入信息技术管理岗位，利用他们的业余时间提供信息化兼职服务。以上团队在工作内容上分工明确，一方面负责信息系统的充实与维护，保证系统设计符合科学性与合理性要求，另一方面则负责教育培训的后段环节，及时解答参与培训的人员可能遇到的各种疑难困惑或问题，致力于帮助他们尽快掌握基本的信息技术以及现代化信息管理理论体系。

全方位地开展信息化培训活动，不仅涵盖广大管理人员群体，同样也要彻底覆盖学校领导阶层以及全体在校生。如此方能使每个人都对信息系统的研发与运用原理有系统性的了解，强化信息化管理思想及意识，全面提升个人的信息化素养。提升管理人员在平日管理工作中的信息技术运用自主意识，以期提升工作效率，进而推进学生事务管理机制的深度改革与创新发展。

2.我们应当充分利用校园文化的力量来广泛传播新的管理理念。传统的校园文化主要通过广播和发布通知等手段进行传播。然而，随着数字化时代的到来，我们必须使校园文化与时俱进，以推动弹性化管理和服务推荐理念的普及。学生事务管理人员应充分发挥网络平台作为教育重要阵地的作用，积极组织多样化的线上文化活动，以确保新的管理理念深入每一个学生的心中。

学校应该建立全新且吸引人的理论学习窗口。该窗口将实时更新国内外教育领域的各类重大事件以及相关教育政策和学校学生管理政策，使网络成为教育政策和理念的宣传推广平台。此外，学校还应该设立网络沟通互动平台，由专人负责运营，包括受欢迎的学生团体和部分专业教师团队。在该平台上，他们将通过深度调研，关注了解当代大学生关心的话题、热衷的活动以及日常学习生活中面临的问题。通过这种互动交流，学生的意见和建议将得到及时的反馈和调整，以确保活动的及时性和前瞻性，并始终强调推广服务和主动提供服务的宗旨。

学校应该设立专门的心理保健咨询中心。网络提供了一种隐秘、无姓名的便利，学生可以通过网络倾听心理专家的指导建议，及时解决潜在的心理问题，提升自我心理素质，维持身心健康状况。在这个快速变革的信息化环境下，建立这样的心理咨询中心对于保障学生的身心健康至关重要。

三、建立和完善信息化发展要求的高校学生事务管理新机制

当前，高等院校学生事务管理体制已经显露出与信息化发展需求不相适应的弊端。随着高等教育规模的不断扩大以及各类机构的增多，现有的管理体系已经无法有效地适应信息流通的要求，管理路径也显得封闭不通。在这个信息化潮流越演越烈的时代，我们迫切需要构建符合当前信息化发展需求的全新型高校学生事务管理机制。

这一新型机制的构建涉及两个关键方面：

1. 高等院校学生事务管理的制度框架，包括行政管理者的定位和权力分配。

2. 内部学生工作管理的实体结构及任职者的职责分工。

针对目前的挑战和问题，我们需要对这两个方面进行全面而深入的改革。

新型的学生事务管理机制应该更加开放和灵活，能够适应信息化发展的需求。这意味着制度框架应该更加符合现代信息化管理的特点，行政管理者的定位和权力分配需要更加灵活和透明，以便更好地适应信息化时代的管理需求。

内部学生工作管理的实体结构和职责分工也需要进行重新设计和调整。现有的机构设置可能已经无法满足信息化发展的要求，因此需要对机构设置进行优化和调整，确保学生事务管理工作能够更加高效和便捷地进行。

总之，构建符合当前信息化发展需求的新型高校学生事务管理机制是当前亟待解决的重要问题。只有通过全面的改革和创新，才能够确保高校学生事务管理工作能够顺利适应信息化发展的要求，为学生提供更好的服务和支持。

（一）建立高校学生事务管理新机制

人才的潜力和创新能力，为学生事务管理的信息化革新提供了可行的路径。

1. 机构组织方面

我们主张逐步实现高等教育机构组织架构的扁平化转变。传统的层级式管理结构往往导致效率低下和决策缓慢，而扁平化的架构模式则更有利于减少管理层级、优化人员配置、提高工作效率。此外，扁平化的组织结构也有助于规避形式主义和官僚主义等管理弊端。通过整合和精简过多的管理机构，可以有效降低管理成本，并为学校节约人力资源提供机会。同时，我们鼓励具有创新意识和信息技术能力的专业人才参与网络信息平台的建设和管理，为他们提供更多展示才华的机会，推动他们的职业发展。

2. 管理方式方面

我们倡导从刚性管理向更为柔性灵活的管理方式转变。当前许多高校管理机构庞大而繁杂，难以应对日益复杂的管理需求。柔性管理结构具有更强的适应性和灵活性，能够及时调整管理策略以应对时代和社会变化。柔性管理的实施不仅可以简化高校的行政管理程序，增加管理的应变能力，还能够激发管理者和员工的创新活力，推动学校管理水平的提升。

综上所述，构建符合信息化发展需求的新型高校学生事务管理策略需要从机构组织架构和管理方式两个方面进行改革。通过扁平化的组织结构和柔性的管理方式，我们可以提高管理效率，优化资源配置，推动高等教育管理体制的现代化和信息化发展。

（二）建立高校学生事务管理新机制的途径

在高等教育领域中，构建新型学生事务管理机制的目标是促进校内各部门之间的协同服务和信息共享，以提升学校管理效率和服务质量。为实现这一目标，我们提出以下具体策略：

1. 实施四位一体、协同服务的举措。这意味着要建立一个以学生为中心的协同运作模式，包括校级、院系、学生和社会各界的全方位合作。在信息化时代，通过建立信息系统，实现各部门之间的信息交流和互通，以达到高效性评价标准，并推动学生事务管理不断进步和良性发展。在校级层面，应建立多元化主体参与的大型信息服务平台，通过管理与服务联运机制，协调各部门的信息应用服务，消除各类部门的行动分散和服务效能低下现象。要始终牢记以学生满意度为出发点，积极主动地提供服务，实现双向沟通，是取得成功的关键。

2. 拓展电子校务，提升信息透明度。电子校务是利用信息科技手段和现代化管理理念，实现校园管理办公自动化和资源开放共享的创新解决方案。这需要完备的校园网络设施、广泛的信息技术推广和专业化人才培养的支持。电子校务的目标是提升校务管理水平和校园服务范围，通过整合信息网络技术优化校务管理方式和业务环节，实现校内资源的全面开放共享，建立起高效的校园管理体系。在推行电子校务过程中，要通过校园网、校园广播等渠道，及时公开发布学校的重要通知和活动，提升学校事务处理的效率，促使学校管理部门由服务型逐步转向职能型。

综上所述，构建新型学生事务管理机制的具体策略包括实施协同服务和拓展电子校务。这些策略旨在促进各部门之间的协作，提升信息透明度，推动学校管理的现代化和信息化发展。

3. 积极寻求国际合作与交流，并借鉴其他国家已有的有效机制，是构建高等院校学生事务管理新型机制的重要策略之一。在全球信息化背景下，高校学生事务管理受到全球化浪潮的深刻影响，因此，我们应该主动融入国际合作的潮流，以丰富多元的视野汲取国际经验，推动我国高校学生事务管理机制的革新与发展。

以美国和英国为例，它们采用的横向服务与接收服务的双赢机制，致力于满足学生各种需求，从而衍生出多样化的服务中心。美国高等教育注重实用主义教育观念，强调学生主观能动性和个性化发展的重要性，认识到知识的获取需要经验积累，与日常生活紧密联系。英国的学生事务管理模式着重构建以"学校、学院以及学生事务管理体制"三位一体的综合体系，在每个院校层面设立专人负责学生事务，为在校生提供全方位服务支持。

相较于美英，日本和德国更倾向于利用社会资源提供服务，在学生事务管理中强调团体主义理念的贯彻、民众民主意识的广泛接纳、行政关系与公共关系的有机融合以及社会整体的深度参与。例如，德国高校实施的管理策略强调民事关系主导、行政关系辅助，并凸显了社会在学生事务管理中的重要角色。德国高校立志于打造研究型大学，主张由特定社会机构承担管理责任，高校则加强沟通与协调功能。

我们可以从这些国家的经验中汲取启示，依托本国特色资源优势，制订更符合国情民意的引导与服务方案，重视学生的自主地位，不断完善学生事务管理机制，推动高校学生事务管理的现代化发展。

四、培养和建立促进信息化发展的高校学生事务管理队伍

我们应该着力培养和建设具备引领和推动信息化发展的学生事务管理队伍。不论是在国内还是在全球范围内，学生事务管理人员不仅仅是学生事务管理活动的被动执行者，更是管理创新的主要推动者和引领者。因此，从事学生管理工作的专业人士需要具备高度的智慧和才干，能够应对各种管理问题，特别是需要激发自身的创造力，并将其转化为实际应用。在信息化时代带来前所未有的挑战下，学生事务管理人员必须坚定地秉持创新精神，不断探索新的管理方法和手段，以适应时代发展的需要。因此，学生事务管理人员需要不断提升自身的综合素质和专业技能，积极参与相关

培训和学习，不断拓展视野，提高应对复杂情况和问题的能力。同时，学生事务管理机构也应该为其提供良好的工作环境和发展平台，激励其创新意识和团队合作精神，共同推动学生事务管理工作的不断发展和完善。

（一）建立高校学生信息化队伍

（1）深化高校学生事务管理团队的专业化进程

首要方面，我们应积极推动高校学生事务管理队伍的职业化转型。这里所指的职业化，并不仅仅是建立一支具备特定管理素质的团队这么简单，更主要的体现在通过整个工作流程的流程标准化、具象化，尤其是以符合社会需求和个体发展要求的规范为核心，以高效地完成工作任务和提升工作效益为主旨，实现团队整体化和标准化。职业化的实质在于将个人长期甚至终身所投身的业务领域逐渐深化并转变为其独特并专有的工作领域，并通过建立严谨的资格认证机制、完善的专业技能培育实施方案以及明晰的评价指标，进行自我评价、自我约束和自我提升。而高校学生事务管理团队的职业化转型，则是提倡他们全身心投入并把学生管理作为终身事业，进而在满足自身发展需求的前提下不断提升。就具体操作层面而言，我们可以借鉴以美国为代表的先进国家的职业化发展经验，其在职业化发展方面已经走在了世界前列，其在学生事务管理人员的招聘录用制度及晋升准则方面都有明确且可量化执行的指导方针和规范标准。在专业能力方面，要求具备心理学、教育学、学生成长发展理论等多个领域的专业知识和实践能力，以及良好的管理实践应用能力。从特质上讲，入职后仍需持续关注学习和职业发展，如美国学生事务管理者通常会接受严格的上岗考核和职业培训，并通过资格鉴定，只有符合要求者方得以留用。我们国内的高校也普遍强调，管理团队必须具备高尚的职业道德和职业操守，并且采取严格的选拔聘用制度。

（2）推进高校学生事务管理团队的专业化建设

另外，我们还应该加强对高校学生事务管理团队的专业化建设。专业化的实质在于以人才的专业化水平为核心，进一步扩展和提升其专业能力和综合素质，从而使从业人员能够以更专业的视角去适应不同的专业岗位需求，并深入理解相关岗位责任，这是一个职场人逐步专业化的过程。鉴于这种专业化需求，我们需要从以下两个角度进行全面理解：

①强调职能分工的专业化，即学生事务管理部门及其他学校职能部门之间应当明确各自的职能分工和协同合作关系。

②大力建立具有高级职称的学生事务管理员的职业水平体系，提高其专业素养。现阶段，我国各大高校已经基本形成了较为健全的职能分工和专有人才队伍。然而，这种专业化程度趋于低位，贫富差距较大，整体队伍年龄分布并不均衡，性别比例也不尽合理，因此亟待改进和提高。对于未来，我们应积极制定专业化的学生事务管理标准：

a.赋予学生事务管理在高等教育课程体系中的独立地位。

b.设立专门的管理机构。

c.引进和培养具备专业视角、专业思维的学生工作管理委员会成员、主任。

d.设定职业化的工作岗位标准。要想实现这一目标，一个关键步骤就是着力打造具备专业素养、专家眼光、核心思想、研究领域的管理团队，挑选和培训这类管理者将是我们工作的重中之重。

（3）在此次探讨中，我们将重点关注高校学生事务管理队伍的专家化打造。所谓"专家化"，即着眼于管理人员的职业成长，以逐步提升他们的职业技能水平，抓住当前社会对人才的需求方向及适应环境优势，从而推动那些擅长专业知识，能在特定的管理岗位上得到更深入学习和深造机会的专业人士向前推进，进而全面培养出能够解决复杂问题并具有深入研究能力的创新型人才。

具体到学生事务管理团队而言，其专家化建设的核心理念在于，要求管理者不仅要拥有高水平的职业素质和专业化素养，还需在实际执行岗位任务时发挥开创性的研究思维和卓越才能，以此激发管理人员的工作热忱，拓宽他们的职业发展空间，并通过创建规范且具有引导效果的机制来大幅提升他们的职业化水平。

而管理人员整体队伍的专家化建设计划，则期望每位管理人员都拥有强大的哲学理论基础、丰富的管理实践经验，以及灵活应对高校中所出现的各类学生问题与管理难题的应变能力。他们不仅应在日常工作中致力于发展成为身兼教育专家、管理专家以及为学生提供专业服务的资深专家于一身的全能人才，更要努力追求职业生涯中的更大进步。

（二）建立高校学生信息化队伍的途径

高等院校中的学生事务管理团队作为学生教育及管理的主力军，他们负担着对学生进行全面教育并承接学生事务处理的重任，因此建立一支能够顺应信息化发展潮流的专业化管理团队对于实现学生工作队伍的信息化升级至关重要。为了打造出符合需求的高校学生信息化管理机构，我们需要从以下四个方面展开深入研究：

第一，我们应该大力加强管理人员对管理信息化的认知度及其相关的重要性和紧迫性的了解。通常情况下，管理人员的认知程度会受到传统学生事务管理模式的制约，导致其思维僵化，难以适应更为灵活的信息化管理方式。有些时候甚至无法认识到信息化管理的重大意义，以至于信息化意识严重匮乏。然而，随着信息时代的到来，网络传播的即时性、互动性以及开放性等特性使得高等院校的学生管理工作变得日益复杂化。这样无疑在一定程度上降低了传统管理策略的有效性及执行力度。因此，我们必须注重激发管理人员的创新意识以提高管理创新水平。创新意识和想象力是推动创新的源泉，为此，我们应当积极挑选具备较强创新意识的人才加入到高等院校的学生事务管理团队当中。同时，我们还需要在实训的过程中，通过各类培训活动激发并进一步引导管理人员的创新动力。此外，通过信息化的推广和塑造良好的信息化舆论场域来助力高校学生事务管理者创新专业意识的塑造也是非常必要的。

  第二，我们需要着力培训具备信息技术运用能力的专业管理人员。培训过程中应强调重点锻炼他们的创新精神和实际操作技能。在信息时代，创新精神的培养并非一日之功，它的形成需要管理人员在日常工作中逐步积累并逐渐深化。在这个信息高速传递的时代，知识和智力逐渐成为主导性资源，这与工业社会时期以体力和资源消耗为主导的情况截然不同，由此可见，高等院校的管理者必须时刻保持学习和进步的姿态，持续提升自身在采用先进理念和创新思维方面的能力。现代信息技术的飞速发展为高等院校管理体制改革提供了强大的技术支持和实施手段，但它同时也带来了全新的责任和挑战。针对这些新情况，我们可以采取多样化的培训模式，如聆听信息化管理方面的讲座，参加涉及不同领域的信息化管理高端经验交流会、研讨会、年会等活动，以此确保工作人员的管理理念与信息化管理相得益彰。在执行过程中，切忌冒进，而是应在保证新旧管理制度平稳过渡的前提下稳步推进。在这个过程中可能会遇到一些困难，包括人员调剂等问题，这些都需要我们谨慎细致地处理，因此我们不应急于求成。相反，应该保障新旧管理体制之间的无缝对接。对高等院校的管理信息化从业者而言，其所面临的挑战更多地集中在如何熟练掌握信息技术方面，我们可以通过在日常管理实践中充分运用信息化平台，倡导并鼓励学生积极参与到信息化的交流互动之中，从而实实在在地提升个人乃至整个团队的信息化管理能力水平。同时，我们还应该在高等院校建设政策的大框架内，赋予信息化管理相应的支持，让那些能够按照规范运作且具有高度职业素养的专业管理人员在当前和未来的管理工作中都能获得坚实的后盾。

第三，我们应当充分理解传统管理模式的优势并且将之与现代科技相融合。我们所说的创新，实际上就是以现有经验为基础的不断改进与深化，因此，我们需要坚定不移地既发挥好传统教学方式的优势，同时又利用好科技发展的便捷之处。传统的学生教学团队不仅具有极高的政治理论水平，而且他们对学生事务的处理流程以及针对特殊情况的具体分析解决策略都熟稔于心。我们要清晰地认识到，这种源自传统的优势无法完全被网络化信息化的新方式所取代，因此，我们必须以坚实的理论基础作为行动的指南，将互联网平台视为强大的媒介，利用数字技术以及自动化管理作为辅助工具，从而显著地推动管理效率的提升，简化烦琐的程序步骤，使之达成传统管理方式与现代技术的巧妙融合，最终实现高校信息化的良好转型。

第四，我们建议实行学校与企业之间的深度合作，以此来培训具有创新精神与信息素养的人才。我们主张制定并完善一种称为"产—学—研一体"的教学计划，将课堂教学与实际操作有效有机地结合起来。为此，我们需要通过践行产、学、研结合的理念，高效率地建设研究型学习基地，全力提升学生的实践意识、创新能力以及信息化技术应用水平。研究型学习基地同时也可以作为进行大学生创新创业教育的舞台，提升他们的职业竞争力，并且帮助他们发掘创业机遇。从本质上说，产、学、研合作机制正是培育具备信息管理创新能力的人才的根本保障。因此，国家教育管理部门以及各大高校应该制定相关的制度政策，以便促进和鼓励产、学、研合作办学的发展，进而培养出更多优秀的信息管理创新人才。在此过程中，我们需要建设起一套完整的实践教学创新体系，包括大学生的研究性学习及创业引导机制等要素。因此，高校应致力于探讨信息管理创新人才的培养路径，积极培育学生通过自我教育、自我优化、共同进步的机制，以激发他们的创新思维活力及其创业根基的深入发展。

五、丰富高校学生事务管理的内容、方式和手段

（一）增加高校学生事务信息化管理的内容

在我国高等院校学生事务管理的范畴内，涵盖日常管理、学业辅导、生活服务等多个方面在内的多元化职责。考虑到我国目前正处在信息化快速发展阶段，高等教育学生事务管理的职能当中理应融入信息化建设的元素。学生事务管理的内涵需要根据时间的推移以及不同类型学生的需求，适时地进行相应的调整与革新。高等教育领域的信息化管理内容深度覆盖至学生学习、生活等多角度各层面。为了让高等院校学生事务管理的内容更加丰富多彩，我们需着重对其数量和品质两个维度进行拓展。首先，在内容的总量上，受限于每位学生对高校管理服务的多元需求，加剧了高校学生事务管理内容的广度与深度。因此，高校学生事务管理及其内容需要随着社会的进步而不断演进，不能停滞不前。此外，当代学生的认知发展过程中有同化和顺应两种机制。伴随着信息技术的爆炸式增长与日新月异的变迁，学生事务管理的内容也在不断扩充，面临着同化和顺应复杂机制的挑战，需要强化对高校学生事务管理内容的整合。若新添加的信息化内容与传统内容有所重叠，那么便将其有机地融合入已有的知识体系之中；反之，若新添加的信息化内容自成体系，则对原有内容进行必要的调整后再顺应新的体系。

（二）丰富高校学生事务管理信息化方式和手段

站在信息化的前沿，以信息化管理的方式取代传统的事务管理方式已成为不可阻挡的潮流趋势。信息化管理的有效性依赖于有力的信息化管理工具和手段。这对我们提出了创新管理手段的迫切需求，以适应信息化时代的发展方向与要求。未来的信息化管理方式最显著的特点便是：在管理组织机构中，信息的处理、制定、传递、服务和反馈等核心功能将占据主

导地位。这与传统的组织管理模式大相径庭。作为知识来源的领导者或权威机构，它们的任务主要是在提供丰富且具有针对性的数字信息。这种智能化定位促使管理部门积极采用尖端的计算机硬件设备，同时研发适合自身需求的软件应用型系统，如基于 Web 的管理信息系统、社交媒体平台、校园讨论区等，借助这些系统可以实现线上线下信息化协同、实时与即时的信息搜集、处理、协商以及决策等多样化管理服务。这种软硬件相结合的、专业化的管理方式与职业化的理念能使管理内容既规范化又体现个性特征，既有完备的规则制度可供遵循，又注重人文关怀的服务理念。高等教育学生事务信息化管理者作为信息供应的核心承担者，信息资源共享与充分运用是提高管理效率的关键所在。信息传播范围以及所面向的成员主体都应根据实际情况进行及时调整。

第四章 教育信息化背景下高校人力资源管理机制的构建

第一节 高校人力资源管理信息化的内涵

一、高校人力资源管理的内涵与特征

（一）人力资源管理的内涵

所谓人力资源，是指在特定范畴内的全体人口总体所具备的各类劳动能力的集合体。这包括那些能够推动经济进程及社会进步，并具备智能劳动和体力劳动素质的人群整体，或者表示出一个国家或区域群体内，在剔除不能承担劳动任务的那部分人群后的剩余人口数量。此外，人力资源也可具象化解释为在一段时间内向特定企业提供服务，并且对价值创造起到至关重要影响的各种教育背景、技能水平、工作经验、身体状况等素质的综合概括。

人力资源管理包含了宏观层面的规划和微观层面的管理这两个层次。前者主要针对社会的整体人力资源情况进行详细的策划、组织、监管调控，以此来调整个体人类资源的分配现状，使得其更加符合社会再次生产力的需求，进而保障社会经济体系的稳定运行及可持续发展；而后者则是通过对企业及其各部门及人员的管理人机关系处理、人事间各种矛盾的化解、

个人潜能的充分发掘等环节，人尽其才地为组织效力，事亦得以有合适之人来执行操作，达到相匹配的人事搭配效果，从而有助于组织目标的顺利达成。

自 20 世纪开始，国内外学者从多个角度全面地分析与探讨了人力资源管理的相关概念。综观来看，其理解总结起来大致可以涵盖四大类概念。

1. 从人力资源管理的根本目的出发，解释其核心内涵，即通过有效的人力资源管理手段来达成预定目标。

2. 以人力资源管理的流程或履行的责任职能作为切入点进行解读，将人力资源视为一连串的活动环节；另外一种类别则集中于论述人力资源管理的实体范畴，认为其本质就是与人们息息相关的各种制度措施、政策法规等。

3. 从目的、流程等多维度综合解读了这一概念。在企业经营环境中，人力资源管理被定义为依据企业长期发展战略的整体形势需要，精心策划的人力资源配置方案，周期性地对企业中各个岗位所需的员工实施招聘、培训、任用、评估考核、激励调整等一系列综合流程，以激发全体员工的工作热情，发挥他们的内在潜力，为企业创造更高的价值，提升企业的盈利能力。为了确保各个企业战略目标的成功实践，企业需要针对人力资源管理实施一系列完整的政策制定和相应的管理活动。其中主要涉及的内容包括企业人力资源战略的制定部署、员工的招揽选拔、职前培训以及养育人才等关键环节、绩效考核管理、薪资福利体系制定、员工流动性管理、员工社交互动关系维护、员工安全卫生管理等。简而言之，企业应凭借现代高效的管理方式，充分关注人员选拔、人才培育、保留优秀人才和任用得当等方面的工作，通过系统的计划、组织、指挥、操控以及协调等多样活动，逐步实现企业整体发展的最终目标。

(二)高校人力资源管理的内涵

高校人力资源指的是那些在高等教育机构内具备实际工作能力并能直接推动高校教育事业发展,为国家及社会各个领域如政治、经济、科技等做出积极贡献的工作人员。这包括高校教学研究人员、行政管理者以及其他辅助服务类职工。

高校人力资源管理即是通过运用科学有效的管理手段,尊重并顺应人才成长发展的客观规律,紧密结合当前高校工作实际情况,对学校内部各类岗位人员进行细致全面的规划与布置,融洽协调人事之间的种种联系,对相关人事工作进行精确的指导、统筹和调控,尽力做好全体教职工的招聘、培训评估、薪资福利等综合事务,最终达到高效运用人力资源,实现高校运营效益最大化的管理目标。

(三)高校人力资源管理的特征

人力资源管理在现代高校管理体系中具有举足轻重的地位。鉴于高校人力资源自身具备的特性,高校人力资源管理策略亦需与时俱进,灵活调整。伴随国内外重大事件背景下社会环境的急剧变动以及新时代人才市场竞争压力加剧,高校人事管理理念及运作模式发生了深刻而显著的转变,已逐渐从传统的人事管理转向更注重个体发展与素质提升的人才管理阶段。

1. 高校人力资源具有深厚的知识素养和丰富的学术储备

高等教育机构中的教师群体绝大部分接受过严谨的系统教育,拥有高知识水准,并对精神追求和发展空间有着优越认识。然而,受长期教育制度和计划经济体制影响,高校人力资源构成繁杂,管理稍显复杂。因此,对各类人力资源采取差异化管理方式是必要的,以充分挖掘潜能并发挥其作用。

相比企业界,高校人力资源在种类多样、职责重大、社会影响力强等方面具有独特之处。

2. 对高等教育机构人力资源激励机制的探讨

考虑到高校教师职业性质所特有的高质量特性，根据著名的马斯洛需求层次理论，我们发现，与一般企业员工相比，广泛分布于各大高等教育机构中的教师在精神层面的追求和内心需求上具有显著特征。首先，他们高度重视自身创造的劳动价值及取得的成果是否得到适当的肯定和尊重。其次，他们同样关注所从事工作的完整性和完善度，因为高校教师大多怀有强烈的自我实现欲望，将攻克具有挑战性的研究项目视为自身价值的体现，从而激发他们持续、强烈且相对稳定的上进心，追求达到极致的卓越成果。

3. 针对高等教育机构人力资源时效性与再生性的剖析

高等教育机构人力资源具有极高的时效性，表现在教师个体的学术水平和人才培育能力。这种时效性强调了教师在特定时期内的人力资本储备。然而，若教师未能跟上时代步伐，掌握前沿知识和科技动态，其人力资本价值将下降。另外，人力资源具有一定的可再生性，即部分消耗的人力资源可以通过多种途径再次获取和恢复。例如，教师的人力资本再生靠持续的自主学习实现，而不仅仅依赖一次性资本注入。因此，为全面提高教师素质，需进行持续的培训和投资，以维持和保护他们的内在人力资源价值。

4. 关于高等教育机构人力资源流动性状况的讨论

人力资本作为主体，随着人的流动而流动。因此，流动性是人力资本与实物资本最大的区别之一。在当今全球竞争环境下，人才竞争处于核心地位，各高等教育机构也不例外。在这个竞争环境中，良好、有序的人才流动不仅是市场经济发展的必要条件，还有助于发掘人才潜能，实现社会人力资源的高效配置，是社会进步的重要标志之一。

二、高校人力资源管理信息化的概念

高等院校人力资源管理信息化，指借助当代尖端科技手段，特别是信息科技，建立以人力资源管理信息系统为基础设施平台，旨在降低管理成本、提升管理效益，进而实现全领域的全局参与式管理方式，强化人力资源在整体管理系统中的战略定位，构建一种面向全球的更为开放的人力资源管理体制。此举体现了当代先进信息技术支持下的新型管理哲学思维，是适合高等院校运行的全新人力资源管理模式的生动展现。

从宏观角度看，人力资源信息化管理是高等院校在当前全球化背景下，变革现有管理模式、创新核心价值观念所必须采取的重要措施之一，也是顺应信息时代发展潮流的必然趋势。高等院校的人力资源管理者需要依赖现代信息技术提供有效协助，以推进实施人才选拔、技能测试、薪酬福利制度设定等方面的工作。

具体而言，不断完善高等教育领域内人力资源管理系统可取得以下效果：

1. 大幅减轻管理负担。利用高端信息科技完成烦琐手续，打破时间与空间壁垒，降低组织运营成本。

2. 改善工作环境氛围，提升高校行政体系运作速度，吸引更多优秀人才。

3. 完善管理流程标准，建立人力资源信息档案库，提高业务项目运作效率，助力高等教育实力不断增强。

4. 科学评测管理成果，改进激励机制、考核办法，调动员工积极性，推动教育研究活动。

三、高校人力资源管理信息化的作用

在高等教育机构中，实行人力资源管理信息化的核心在于构建一个以校园网络为框架的先进人机系统，能便捷地实现高校人力资源信息的采集、传输、储存、整理、维护以及利用,并与其他高校管理信息系统进行无缝对接,实现信息分享的功能。这种信息化的重要意义及其作用体现在以下几个方面:

(一)提升高校人力资源管理的运作效率

高等教育领域内实施人力资源管理信息化的首要任务是大幅度提升相关治理效能。通过规范化、标准化的数据格式和预先设置的运算手段,能够高效处理大量的档案资料和数据统计工作,从而节省人力成本、提高人力资源事务处理效率、降低误操作概率。这种优势体现在高校人力资源管理信息系统中的功能模块上,加强了处理工作的效率并确保了数据的精确性。实施信息化使人力资源管理从业者从繁重且重复性的基本信息处理工作中解放出来,有更多时间投入到思考如何更好地满足高校及教职工的需求上。此外,信息化还对相关管理流程进行了优化,提供了更丰富、更具价值的信息,为高校整体战略发展提供了坚实的支撑。虽然高等教育领域的人力资源管理与商业企业有所不同,但众多国外高校实施人力资源管理信息化项目后都取得了工作效能的飞跃提升。根据相关资料分析,我国的高教领域也取得了类似的提升效果。

(二)有效改善高校人事部门的服务,推进全面人力资源管理

高等院校的人事工作直接涉及每一位教职工的权益,不仅是高校人事部门的职责,还需要高校的校级领导、各学院主管、教师以及其他各类人员的广泛参与。通过基于校园网络建立的高等教育机构人力资源管理信息系统,我们将用户划分为不同的角色范畴,并根据每种角色赋予相应的操作权限,从而极大地强化了全校教职工参与人力资源管理的深度。因此,他们的服务范围也得以进一步扩大,服务质量也相应提升。

（三）增强高校人力资源管理的流程控制

尽管高等教育机构的人力资源管理工作在某种程度上存在着自由散漫的倾向，面临来自外部干扰因素的挑战以及管理人员个人情绪左右的问题。在招聘、用人、调配、绩效评估、薪酬分配等各个环节，常常存在缺乏严格操作流程的情况。即使人力资源管理制度与流程已经制定完成，仍然可能受到高层领导或其他相关利益方的干预，使得高校人力资源管理的专业化水平和品质难以得到充分保障。此外，人事部门工作人员的变动也可能导致业务水平产生较大变化，影响各种业务的持续有效性。

为解决这些问题，高等教育机构人力资源管理信息系统配备了严谨的流程与权限监控特性。该系统按照预先设定的流程有条不紊地展开运行和监测，以时间和流程为驱动推动人事事务的顺畅运转。当使用者在操作过程中有任何不符合流程规定的行为出现时，系统将会自动发出警报，同时抵制非法操作造成的影响。因此，这种信息系统可以在一定程度上杜绝外部干扰因素，并有效提升高校人力资源管理的专业化水平和品质。

（四）提高高校人力资源管理解决方案的执行力

当前，诸多高等教育机构在人力资源管理方面面临一系列挑战，包括优秀师资人才流失、教师教学与科研评估机制的困难、薪酬分配体系的不均衡和合理性缺失，以及教职员工激励性不足等问题。这些问题直接影响到教育工作者的工作积极性，同时也制约了高等教育机构战略规划的进一步发展。尽管各方一直在努力寻找解决方案，并已制订了各种可行性方案，但大多数方案在执行过程中却遭遇了乏力的困境。主要原因在于这些方案缺乏实施的基础设施和支撑手段，导致政策难以有效推行。因此，传统的人工处理方式已经无法满足现代人力资源管理模式对精准度和量化性的需求，高等教育机构的人力资源管理工作理应逐步向信息化方向转型。鉴于此，高等教育机构人力资源管理信息系统具备强大的业务处理功能和先进的管理工具，不仅为我们提供了丰富多样的业务解决方案，而且还能灵活适应各类业务需求。

（五）高校人力资源管理信息系统可以突破时空限制

基于互联网技术构建的高等教育机构人力资源管理信息系统采用了先进的 B/S 结构设计理念，教职员工无论身处何地，只需通过网络即可随时登录学校内部局域网上的人力资源管理信息系统，便捷地开展相关的校内或院系级别的人事事务工作。更为便利的是，高等教育机构人力资源管理信息系统支持多用户同时在线操作系统，实现了移动办公的愿景。随着时间、地域和人数限制的消除，教职员工无论是出差在外还是休闲度假期间，都能轻松地办理各类人事事务，大大缩短了业务处理周期，确保各项工作任务有序推进。

（六）提高高校人力资源管理相关决策的质量

引入人力资源管理信息化项目后，高等教育机构的人事工作得以实现更加精准的量化标准。高等教育机构人力资源管理信息系统提供更为详尽和实用的数据信息，使得教育管理者在制定战略决策时能够有据可查。这不仅有助于减轻教育工作者的劳动负担，降低人为失误率，而且还能显著减少错误概率。高等教育机构人力资源管理信息系统推动各业务环节的无缝衔接，提升了人力资源管理工作的整体品质。此外，该系统还能提高人事部门和高校领导层获取信息的效率和质量水平，为各级决策者提供基于真实数据的综合分析和决策支持，规避可能引发的决策风险。

（七）促进高校人事部门与其他职能部门的协作

高等院校的人事部门承担着管理教职工数据和信息的重要责任，不仅需要定期制作各类报表并向上级主管部门进行详细报告，还需为学校各个职能部门提供详尽的人事数据资料。教务处、科研机构、资产管理处、发展规划部、工会组织以及后勤服务管理等部门的工作与人事管理密切相关，因此对人力资源数据信息的需求量相当庞大。面对这一任务，高等院校人力资源管理信息系统发挥了重要作用，实现了人事数据信息的规范化、网络化和高效率运作。通过开发集成的人力资源管理信息系统，多个部门能够随时获取最新且准确的人事数据信息，实现了人事数据资源的自由共享。

（八）实现高校教职工的自助服务

高等院校的教职工可以通过校园网络或互联网访问人力资源管理信息系统，获取个人特定信息，并在线提交培训、请假申请，以及学习人事规章制度和相关文件资料。借助人力资源管理信息系统的职业生涯规划功能，教职工还能够对自己的职业发展路径进行精细设计和深入分析。

四、高校人力资源管理信息化的发展阶段

我国高等教育领域的人力资源管理信息化建设起步相对较晚，各高校在人力资源管理信息化建设水平方面存在较大差异。因此，目前各高等学府对人力资源管理信息化软件的运用尚未呈现明显的阶段性转变和突破。为更好地了解这一现状，本节将重点探讨国内外相关领域中人力资源管理信息化以及高等院校人力资源管理信息化的发展历史和历程。

（一）人力资源管理信息化的发展历程

人力资源管理信息化的发展源于信息技术在美国的早期应用，最初应用于企业的薪资管理。自20世纪60年代初起，企业开始引入计算机科学技术，开发了自动化程度极高的工资系统，并在20世纪70年代初期成功推广至欧洲地区。这一时期，财务人员只需轻点鼠标，即可完成复杂的工资流程。

到了20世纪80年代初，微型计算机开始迅速发展。许多企业和学术

机构利用这一便捷工具构建了自己的工资系统。信息技术的进步为人力资源管理效率的提升和成本的控制带来了机遇，计算机技术和数据库技术等各种技术为企业和教育机构开创了自动化的工资和个税系统。计算机软件在管理领域的应用逐步普及，国际经验和领先的软件开发企业开始着眼于人力资源管理信息化的深入研究。最初的人力资源管理信息化主要集中在复杂和繁重的业务领域，如薪资核算。在此期间，计算技术构成了整个人力资源管理信息化的核心技术，电子表格技术也是关键技术之一。

到了20世纪80年代晚期，许多企业开始对仅具备单一功能且孤立运作的人力资源管理信息化不满意。为了改变这一现状，研究人员和企业将目光投向了网络技术。网络技术的优势在于能够无视地域限制，对于管理信息系统具有重要意义。随着时间的推移，网络技术逐渐成为各种信息化系统的关键应用技术，包括人力资源管理信息化。在这一阶段，出现了许多网络版的人力资源管理信息化系统。网络技术为人力资源管理带来了技术层面的革新，也引发了一场全面的管理革命。互联网的发展进一步推动了人力资源管理信息化的进程。借助互联网和成熟的数据库技术，各种人力资源管理业务得以数字化转型，招聘、薪酬福利管理、绩效管理等环节统一纳入了人力资源管理信息系统。

自20世纪90年代初开始，人们逐渐意识到人力资源管理工作不仅是组织内部辅助性管理活动，更是决定组织生存和繁荣的关键要素。多元的人力资源管理方法开始出现在管理实践中。这种管理思维的转变也影响到了人力资源管理信息化的研究领域。新的人力资源管理信息化模式——电子人力资源管理应运而生。随着信息技术的发展和人力资源管理理念的变化，e-HR成为新型的人力资源管理信息化模式。

进入21世纪，人力资源管理信息化在各类型组织中得到了广泛应用，规模不断扩大。e-HR逐渐演变为组织的基础管理信息系统，并与组织内其他管理信息系统紧密融合，共同构成了数据信息高度共享和高效流动的一体化管理信息系统。

（二）高校人力资源管理信息化的发展阶段

高等院校在实施人力资源管理智能化方面的发展经历了几个阶段，每个阶段都呈现出不同的特点和成就。

1. 可以称为高等院校人力资源管理信息化的初始阶段。从20世纪70年代开始，随着信息科技的发展，高校开始学习并借鉴企业在人事管理方面的经验，尝试使用计算机来替代传统的手工方式处理相关业务。在这个阶段，大学通常会将教职员工的基本信息保存在计算机的硬件设备中供管理使用。

2. 高等院校人力资源管理信息化进入了初级阶段。自20世纪90年代初以来，高校克服了重重困难，利用网络技术和数据库技术成功建立了初步的人力资源管理信息库，开始步入全面的内部信息管理阶段。在这个阶段，社会对信息技术的依赖日益增强，推动着高等院校人力资源管理信息化建设迈入新的发展阶段。人事信息，包括薪酬福利等，以及其他诸如人事档案、培训授课、招聘面试和人员调度等各项事务的信息都可以通过网络查询和下载。现阶段，绝大多数高等院校已经基本建立了符合自身需求的高校人力资源管理信息系统，并开通了人事部门专属的官方网站平台。

3. 高等院校人力资源管理信息化进入了中级阶段。自20世纪90年代中期开始，高校迎来了人力资源管理信息化的新机遇，得以快速发展。人们逐渐认识到人力资源不仅是第一资源，还是战略性的重要资源，高校形成了广泛共识。在"以人为本"的先进管理思想的指导下，人力资源管理方式转向了包括绩效考核、人才测评和激励约束制度在内的新型管理模式。这种转变影响着高等院校人力资源管理信息化体系的规划和设计方向。在这个阶段，高校致力于构建面向对象的校园网与互联网相融合的人力资源管理信息系统。该阶段，高校人力资源管理信息系统的界面更为友好、操作流程更为便捷，管理信息系统和数据库部署在服务器上，通过浏览器就能实现便捷访问和高效管理。同时，高校人力资源管理信息系统更加人性化，受到广大师生的欢迎。然而，网络安全问题，特别是如何确保人事数据的安全性，已经成为高等院校人力资源管理信息系统设计与维护过程中必须面对和解决的重大挑战。

4.高等教育院校人力资源管理信息化的最高阶段需我们深入探讨。在当今21世纪，信息科技日新月异，其普及与运用的深度和广度已然达到了前所未有的水平，包括通信技术、电子商务技术、互联网以及强大的计算机技术等，都深深地影响甚至改变了世界各国的整体经济状况、社会文化环境以及居民们的日常生活方式。在这种大背景之下，高等教育院校的人力资源管理信息化也开始向全新的战略整合阶段迈进。这意味着高等教育院校的人力资源管理信息化不再仅仅局限于人事部门的工作范畴，它已经超越部门自我驱动的建设模式，转为自上而下实行瀑布式管理的模式，学院的人力资源管理信息化建设的形式及内容都将被严格基于学院的人力资源管理规划以及学院的战略发展目标来实施。具体来说，我们将会从学校的使命以及战略目标着手，科学合理地设定人事部门的发展目标以及在人才培养方面的详细计划。在此基础之上，我们会对学院现有的人力资源管理信息系统的构架和功能进行深入研究，寻求改革和提升的方法。此阶段的目标在于构建一套完善的数据共享机制，使得学院的人力资源管理信息系统能够与其他职能部门如教学管理信息系统、科研管理信息系统、财务管理信息系统等进行信息分享，从而确保所有管理信息系统之间实现无缝对接，进而使得学院的人事数据信息能更便捷、高效地为其他部门所用。这样的一个阶段，我们可以称为高等教育院校人力资源管理信息化的战略化阶段。该阶段具备以下显著特征：体系化集成、设计先进、数据统一、架构完善和系统开放。

五、高校人力资源管理信息化的主要模块

下面简要介绍一下高等教育院校人力资源管理信息化的几个核心模块。这些模块大致可以分为三大类型：

1. 高等教育院校人力资源信息管理模块，这一部分主要负责整个教职工信息管理模块、组织结构与岗位信息管理模块以及政策法规信息模块的业务处理；

2. 高等教育院校人力资源管理业务模块，涵盖了从招聘管理模块到工资管理模块再到社会保险与福利模块，乃至包括考勤管理模块、考核管理模块、岗位聘任管理模块、培训开发模块、职业生涯管理模块、教职工异动模块和合同管理模块在内的一系列业务处理；

3. 作为辅助支持模块的系统权限管理模块、系统查询模块和统计分析模块等。

接下来，笔者将会详细阐述每一模块的构成及其功能。

（一）信息管理模块

在这一模块中，我们提到了三个重要的子模块——教职工信息管理模块、组织结构与岗位信息管理模块及政策法规信息模块，下面分别予以介绍。

1. 教职工信息管理模块可以划分为四个子模块——在职教职工信息库、退休教职工信息库、调出人员信息库和临时人员信息库。其主要职能就是采集、管理及维护教职工的基本信息、学历学位信息以及所处岗位的相关情况，并可根据需求及时导出人事花名册供实际工作所需。

2. 组织结构与岗位信息管理模块，顾名思义，主要用于对学院内部不

同类别且不同层级的工作岗位进行深入分析,进而建立起学院内各院系、各部门的岗位信息数据库,同时依据组织机构和岗位的变动情况,实时更新维护组织结构与岗位信息库。在这个模块里,组织结构与岗位信息库详细记录了学院的院系等部门信息以及各类岗位信息,如部门人员编制、岗位数量等;而岗位信息包括了详尽的工作说明书、岗位要求规范及岗位职责图表等诸多内容。

3.政策法规信息模块,对外内置国家关于人力资源和社会保障的各项法律法规制度,对内包含地方性的法规以及学院自身制定的人事规章制度。我们试图通过这一模块,对以上各种政策法规进行精细化分类管理,并且能够针对已有法规的时效性问题进行及时更新,同时适时推出全新的法规标准。

(二)人力资源管理业务模块

1.招募管理模块包含了空缺岗位信息、招聘计划制订、招聘信息发布以及招聘结果通知等关键环节,每个部分都承担着各自独特而重要的角色。空缺岗位信息子模块的功能在于,使各大院校及其学院及部门能够根据实际需求上报空缺岗位;招聘计划制订子模块的核心任务则是通过汇总收集到的空缺信息,自动生成详细的招聘计划清单及要求框架;招聘信息发布子模块负责公布通过审批的招聘方案,提供校园网平台供人才搜索,并自动完成初选工作。招聘结果通知子模块根据最终录用情况,自动向候选人发送确认的录取通知邮件。

2.薪酬管理模块涉及工资结构设计、工资管理以及工资数据的统计分析等多方面。工资设计子模块的主要任务是设定合理合法的工资结构体系和类别,包括薪资级别、岗位工资、职务补贴和岗位津贴等多种形式;工资管理子模块针对每位员工设定工资水平,并根据月度变化规律进行动态调整计算;薪资统计分析子模块能按类别、时间等指标对教职工、学院及整个机构的工资状况进行深度分析。

3. 社会保险与福利模块包括社会保险与福利方案设计及社会保险与福利缴费计算两大子模块。社会保险设计子模块根据国家相关法律法规和学校内部规章制度，构建科学规范的管理架构，包括养老、失业、医疗等保险项目和福利补偿措施，并制定相应数学模型进行费用计算；社会保险与福利缴费计算子模块根据实际需求，连接薪酬管理模块，精准计算每位员工需缴纳的金额，并具备统计处理和查询功能。

4. 考勤管理模块负责对违纪违规行为进行网络监督、审核虚假请假和签到等相关事项，保证各项流程合规性和完整性，对各类考勤信息进行分类整理、统计分析和查询操作。

5. 考核管理模块包括年度考核和合同期考核两大环节，相互配合促进企业发展。年度考核子模块帮助员工填写年度考核表格，由部门和人事管理部门审核并保存电子档案，提供打印服务；合同期考核子模块基于特定合同期内的工作与职责进行全面对比，得出准确的绩效评估结果，并与高校的研究与教学管理系统保持数据交互。

6. 岗位聘任管理模块的核心使命在于根据组织架构和岗位信息数据库公布招募岗位的具体细节，方便教职员工填写申请表格，并公开展示录用结果。此模块与考核管理模块需保持紧密联系，以根据考核结果决定各个岗位的聘任事宜。

7. 培训开发模块的主要功能是公开发布培训活动信息、接收教职员工培训需求，并记录、查找和统计每位员工参与的培训信息。

8. 职业生涯管理模块为教职员工提供规划信息输入服务，学院或系部等相关部门评估其职业生涯规划并提供及时反馈。

9. 教职工异动模块包括校内调动、退休和调离三个子模块。校内调动子模块处理教职员工在学校内部部门间调动事项；退休子模块制订退休计划、发送退休通知书并保存退休员工信息；调离子模块记录员工调离方向和日期，并妥善保管相关信息。

10.合同管理模块负责构建聘用合同和劳动合同样板，记录合同变更和续签情况，并提供合同到期的提醒服务，以便查询和统计合同信息。

（三）辅助支持模块

1.系统权限管理模块保护教职员工信息安全，根据身份进行权限分配，如部门领导有权查询本部门信息和审批假期申请，而人事处工作人员可操作所有模块，普通员工仅限操作特定模块。

2.系统查询模块为教职员工提供个人信息查询服务，部门领导提供本部门信息查询，校领导提供全校信息查询。

3.统计分析模块汇总和统计系统数据，并生成图表和报告，支持深入分析。

第二节 高校人力资源管理信息化的一般实施过程

一、我国高校人力资源管理信息化的原则

信息化已经逐渐成为当前人力资源发展的主导趋势之一。其核心在于利用多种信息技术手段，大幅提高人力资源管理效率，促进信息交流广泛性，进一步优化人力资源管理工作流程，从而提升我国高等教育机构人力资源管理的综合水平。我国高等教育机构人力资源管理信息化建设是一个投入巨大且持续的综合性系统，对院校的发展和整体运营有着深远影响，涉及管理理念转变、组织架构重组、组织文化整改和运营流程改良等方面。为了成功推进我国高等教育机构人力资源管理信息化的建设，必须严格遵循以下原则：

（一）系统规划原则

系统规划是人力资源管理信息化建设的首要也是最关键的阶段，必须严格遵照执行。高等教育机构的人力资源管理涉及院校内多个部门、教师及学生的多个方面，具有全面性、系统化和整体性的特点。因此，高校人力资源管理信息化的发展需要全方位、统一性地规划，统一调配各方资源，制定统一的标准，共同完成人力资源管理的各项事务的电子化处理和信息资源的高效运用。全面的系统规划有助于防止资源的无效重复，避免因孤立的系统设计或仅针对单项业务的信息化处理而导致信息无法共享的问题。

（二）循序渐进原则

高等教育机构人力资源管理信息化是一个动态变化的过程，在实践中不断随着国家法规政策、学校实力提升、信息技术飞速发展以及人力资源管理理念的更新而调整。每当新的法律法规颁布（如《社会保险法》）时，都会显著改变高校人力资源管理业务；相应的，新的业务需求将影响高校人力资源管理的职能类型，从而影响信息系统的构建与功能。此外，我国各高校的人力资源管理水平差异较大，存在着不同层次的业务需求，同时也不断出现新的人力资源管理需求，这些新需求对高校人力资源管理信息化建设提出了挑战。因此，在总体规划的框架下，高校在进行人力资源管理信息化建设时，需要坚持科学性和适用性原则，充分考虑先进性和前瞻性，遵循循序渐进的发展规律，根据自身实际情况逐步完善整个体系。

（三）讲求实效原则

高等教育机构人力资源管理信息化建设必须立足于实际情况，充分考虑高校内部管理水平和人力资源管理的实际需求，注重解决实际问题的效果。必须明确，人力资源管理信息化建设必须以实际情况为基础，以信息化的实际运用为准则，将最新的信息技术与管理观念密切结合，设计并实施符合高校人力资源管理需求的信息化解决方案。必须确保构建的高校人力资源管理信息系统各功能模块与实际应用紧密结合,具有极强的实用性和针对性,避免出现华而不实、不切实际的功能模块。

(四)纸质文档保存原则

为保障高等教育机构人力资源管理信息系统的持续正常运营,必然会产生大量的电子人事信息,其中涵盖了许多重要文件,如教师个人人事档案或校史文件,如教师表现评估表、工资等级批复、聘用合同书、人力资源政策及问题处理意见等。这些信息承载了重要的管理和历史价值。为此,应将必须保留的人事信息和具有长期保存价值的人力资源电子文件转化为传统的纸质文档,并妥善保存在教师的个人人事档案或学校的档案室内。同时,根据其保存价值,也应将这些电子文件转变为电子化档案,并进行系统性安全管理,存入学校的档案信息系统,执行相应的安全控制。因此,高校人力资源信息系统生成的电子人事信息应采取双轨制的归档管理策略,即将文件同时以数字化和纸质形式纳入档案维护。

(五)信息安全原则

在推进高校人力资源管理信息化建设过程中,需极度重视信息安全问题。高校教职工的人事信息具有高度保密性,需要严格管理。为保障信息安全,必须依靠严谨的规章制度、高效的监管手段和尖端的信息安全技术。高校应严格遵守国家关于信息安全的法律法规,制定适用于教职工人事信息的具体规范和要求,关注互联网带来的安全隐患,采取必要的应对措施,构建强大的信息安全保障机制。此外,在设计和开发人力资源管理信息系统时,需进行严谨的安全体系规划,采用精细的角色验证和权限分配,对系统管理员口令进行加密,记录用户操作行为等。

（六）信息共享原则

在高等教育机构信息化建设中，除人力资源管理信息系统外，还包括其他职能部门的管理信息系统。在构建人力资源管理信息化系统时，应关注整个校园信息化建设，充分利用基础网络环境和已有信息系统平台，积极与其他部门展开协同合作，实现信息共享和互联互通。这需要制定切实可行的信息技术手段和管理制度，以解决不同系统间的信息孤岛和标准不一致等问题，促进校园管理的协同发展。

二、高校人力资源管理信息化的实施过程

1. 确立高校人力资源管理信息系统的整体架构

高等院校在推行人力资源管理数字化工程时，必须确立人力资源管理信息系统的整体架构。在高等教育机构内部的信息化建设中，人力资源管理信息系统的整体架构具有至关重要的地位。这一步骤不仅是人力资源管理信息系统的核心构建环节，也是实现信息科技与人力资源管理业务深度融合的关键步骤，旨在提升高等教育机构的规范化管理水平并奠定坚实基础。

在制订和执行校本部信息化建设总体规划以及教师队伍建设总体计划的指导下，高等院校应明确人力资源管理工作与信息科技互动关联，并制订并贯彻执行高校人力资源管理信息科技战略方案，以实现提升高校人力资源管理自动化程度和系统化效果的目标。对人力资源管理信息系统的整体架构规划而言，主要内容包括对高等院校现状、未来发展趋势、任务目标、政治行政组织框架、学校与院系管理模式、人事部门功能职责以及服务范围等进行全面深入的调研与分析，为未来高等院校的发展提供有力支撑。

高等院校在实施人力资源管理数字化工程时，需重视系统与学校、人事部门的紧密联系，实现人事信息资源的深度挖掘和有效利用，从而降低

系统运行成本，梳理和规范人事流程，发现改进空间和机会。

2.高校人力资源管理信息系统实施前的需求调研分析

高等教育机构人力资源管理信息化项目的核心在于通过信息化手段，将各级各类高校人事工作的各项业务需求系统化呈现并加以落实，以实现全面、真实且精确的需求了解与把握。这一步骤对于保障高校人力资源管理信息化实施成效至关重要。历年来，许多高校人力资源管理信息化项目失败案例大多与需求分析不清晰或存在偏差有关。因此，在实施前，高校必须深刻明晰以下三个关键问题：

（1）高校需明确实际需求。这意味着需要对现有需求进行明确梳理，以及判断借助人力资源管理信息系统如何解决人事管理工作中的挑战。

（2）高校需预见未来发展需求。随着社会环境的动态变迁，高校间竞争日益激烈，战略定位和师资队伍规划也会相应调整。因此，人力资源管理信息系统需具备适应未来需求的能力。

（3）高校需确定系统的内在特质。信息系统的核心在于服务于管理目标，而非仅仅追求技术上的卓越。因此，高校人力资源管理信息化的理念应科学合理，工具需充分迎合实际需求。

有效的需求分析需要关注需求的不断演进和更新换代、模糊不清的特点以及需求之间可能存在的重叠或冲突。专业人士需要将模糊不清的需求转化为清晰可读的需求说明文件，并解决需求之间可能存在的冲突问题。

3.高校人力资源管理信息系统的设计工作

在高校人力资源管理信息系统的设计工作中，需要确定系统的整体设计思路、分析人力资源管理流程、划分功能模块、设计数据处理流程等。设计工作涉及系统整体网络架构、数据库设计以及功能模块设计等方面，需要考虑到网络架构的选择、数据库的设计以及功能模块的组成。

4. 高等院校人力资源管理信息系统的信息技术产品选择

在完成人力资源管理信息系统的规划和构建后，高等院校需要进行具体的系统选择。作为决策者，高等院校有多种策略选项可供参考，包括自主开发、外部采购以及两者结合的方式。自主研发模式依托内部技术团队进行系统设计和开发，强调实际需求导向；而外部采购则体现了对专业软件开发商产品的认可和信任。在实际应用中，高等院校也可能选择与软件开发商合作共同研发，或对已有产品进行再细化开发等折中方式。尽管自主研发能够满足特定需求，但高校信息技术部门员工通常对人力资源管理业务了解有限，因此选择外部采购更为常见。在决定购买前，高等院校应全面评估供应商的经营状况、开发实力、服务能力等因素，确保选择的产品符合性价比要求。

5. 确保人力资源管理信息系统的正常加载与硬件环境对接

在完成系统选择后，高等院校需要进行系统的安装和硬件环境准备。这包括准备服务器、网络交换机、电脑设备等硬件设备，并安装操作系统和数据库等软件系统。系统的安装过程需要技术团队设定系统参数、部署基础数据，并进行严格的审核和数据备份处理，确保信息的准确性和完整性。同时，系统的硬件环境和软件系统需要顺利对接，确保系统能够正常加载和运行。

6. 高校人力资源管理信息系统的详尽测试工作

为确保高校人力资源管理信息系统达到预期的产品质量水准，必须通过系统测试环节对需求分析、系统设计、系统选型以及系统安装等各个环节进行全面且深入的审查。在实现高校人力资源管理信息化的过程中，前五个步骤必然会出现一定程度的误差和技术难题。这些问题应在系统投入运行之前被及时发现并妥善解决，以免给学校带来不可挽回的损失，并为后续的修正工作增添不必要的难度。因此，在系统正式启动运营之前，进行全面系统的测试显得尤为重要。

系统测试主要围绕以下几个核心领域展开：系统的整体性、融合度、易操作性、灵活适应性、开放包容性及安全性。

（1）系统整体性评估标准在于系统是否能全面覆盖人力资源管理的各项复杂业务流程，并且是否针对各项业务功能遵循完整且规范的设计流程。

（2）系统融合度关注于系统内部各功能模块之间的互动性以及系统整合功能模块的实际效果；随后，易操作性考察的是系统是否采用简约明了的人机交互界面，使之更加直观地展现人力资源管理的各类事务活动。

（3）灵活适应性评估系统使用者是否能根据自身的实际需求进行独特化的改进。

（4）开放包容性及安全性权衡主要体现在系统是否具备强大的数据接口，以及是否具备各种数据的定期导入、导出能力，以及与其他外部系统保持无缝连接的水平。系统的安全性是测试中的重中之重，因为只有具有高度安全性的系统才能为学校的数据保护构筑坚实防线，这包括对数据库的严格加密管理、严密的权限控制和角色分配制度，记录所有用户对系统执行每项操作的详细日志文件，建立完善的数据备份机制并提供高水平的数据灾难恢复服务等措施。

7. 高校人力资源管理信息系统的培训

完成系统测试后，必须对系统管理员和普通用户进行全面的培训，以确保他们能够充分理解并熟练掌握系统的各项操作和管理技能。这样的培训课程应该非常详细和细致，涵盖系统的设计理念、安装调试方法、软硬件环境的适配技巧、基础数据的预设步骤、系统安全管理机制、数据备份方式、系统运行维护技巧以及如何解决常见的系统故障等多个方面的知识。

对系统管理员而言，培训的重点在于使其能够深入了解系统的架构和设计原理，掌握系统的安装配置和管理维护技能，以确保系统的稳定运行和安全性。此外，管理员还需要学习系统的用户管理、权限控制、数据备份与恢复等管理方面的技术，以便能够灵活应对各种复杂情况。

对普通用户来说，培训的重点则在于让他们熟悉系统的基本操作流程，包括如何登录系统、填写表单、查询信息、提交申请等常见操作。此外，他们还需要了解系统的功能特点和使用注意事项，以便能够高效地利用系统完成工作任务。培训课程应该结合实际案例和操作演示，让用户通过实际操作来掌握系统的使用技巧，并针对常见问题提供及时有效的解决方案。

8.建立并维护高校人力资源管理信息系统

系统成功上线并正常运行后，关键任务之一是对人力资源管理信息系统进行全面的日常管理和维护工作。系统管理的首要目标是确保系统长期稳定、高效地运行。这涉及机房环境和服务器等设备的管理和调整，以及对系统的日常运行状况、数据流动、安全性和功能完善性进行实时跟踪和处理。系统维护是指一旦人力资源管理信息系统投入使用后，为了保持系统始终处于最佳运行状态，以及满足新需求变化而执行的各种修复和更新工作。

系统维护是一项庞大而系统化的工程，主要包括以下四个方面：软件维护、硬件维护、数据维护和代码维护。软件维护是确保软件在使用过程中保持正常运行，并满足新增需求的修正活动，是系统维护过程中至关重要的任务之一。硬件维护旨在保障计算机网络设备和相关设施持续保持良好运行状态，包括定期保养和故障检修。数据维护是指从系统投入运行开始，持续审查和评估数据文件，及时调整和修订，以确保数据的准确性和完整性。代码维护则涉及对各类代码（如程序中使用的代码）进行增删修改等具体操作，以保证系统代码的可维护性。

第三节　教育信息化背景下高校人力资源管理机制构建路径

一、高校人力资源信息化管理的价值分析

（一）提高工作效率

学校的日常运营中，人力资源管理是至关重要的环节之一。这个领域涉及繁复而细致的任务。充分利用现代智能化工具如计算器、数据库和网络等，协助完成人力资源信息的收集、整理、存储、传播和应用，能显著减轻管理人员处理大量手工信息管理工作的压力，大幅提升工作效率。这使得管理人员能够将更多时间和精力投入到学校人事改革和长远规划中。同时，将信息化科技手段引入学校人力资源管理领域，有助于推动各项运作流程向体系化和规范化发展，进而显著优化管理效率。

（二）提供高效、优质的服务

在教师招聘、培训和职称评定等人事管理方面，学校人力资源部门直接面对广大教师员工群体及其家属的身心权益。缺乏妥善的管理可能引起员工的强烈抱怨，甚至严重阻碍相关工作的推进。通过人力资源信息化建设，可以缩短各类事务办理时间，精简程序，为教师提供更快捷、高质量的服务体验。这不仅提升了教师处理业务时的效率，避免了不必要的等待和时间消耗，增强了他们的满意度和工作热情，也保障了学校的健康稳定发展，提升了学校在市场竞争中的核心竞争力。

（三）信息共享，提高资源利用率

传统模式下，学校人力资源部门获取的信息主要是纸质材料，这种方

式不利于信息的分类整理和统计加工，也难以实现信息资源的共享和及时更新。通过人力资源管理信息系统将各种文件资料进行电子化、数字化整合，统一记录存档，不仅教师可以随时查阅信息，管理者也可以根据需要进行信息的查阅和传递。在确保信息安全的前提下，实现信息资源的最大化共享与交流，从而更迅速、方便地对相关信息进行分析归类，提取有用的信息资源，并挖掘潜在的应用功能。

（四）提供科学的决策支持

每一项重大决策的形成都必须经过周密的前瞻性研究和详尽的数据支持。但传统的数据统计方法存在速度慢、信息更新不及时等缺陷。通过建立精确、高效的数据库，学校管理层可以迅速、准确地检索所需数据信息，进行深入分析，得出具有说服力的统计资料。这样，学校管理层可以大幅节省人力、财力和时间成本，为决策制定提供深度科学依据，推动学校的可持续发展。

（五）规范人力资源管理流程

长期以来，高等教育机构的人力资源管理工作被认为是一种简单的人力管理程序。然而，在最近几年，这些机构的发展迅速加速，人力资源管理流程的观念也随着时代变化而迅速更新，其管理职责逐渐拓宽，涉及教师培训、团队创新等多方面。

面对这种局面，管理流程在培养机制、整体布局以及用人制度等各个层面都必须采取更为规范化和科学化的手段。特别是在实现人力资源信息化管理后，这类管理工作应更注重运营体系，以更高的效率完成各种复杂的管理任务。为此，各所大学的相关部门必须采取强有力且有效的手段，主动制订完善的人力资源管理发展计划，并对诸如培训流程和人才引进流程等多个环节进行深入的优化和改进。通过推进信息化管理，我们可以进一步深化并明确管理功能，同时使得所有的业务流程更加健全、守规。

二、教育信息化背景下高校人力资源管理机制的构建路径

针对当前国内高校人力资源管理信息化建设过程中所出现的各种问题，以及如何能优质高效地完成该项目，笔者提出以下几点建议，旨在在教育信息化大环境下，探讨如何构建高校人力资源管理机制：

（一）转变管理理念

对高校人事部门来说，首要任务便是积极采纳全新的人力资源管理理念并将之付诸实践。高校人事部门不能固步自封，须知人力资源管理工作是随着时代的变迁而不断演变的，而且我国高校正处于深刻的变革之中，这意味着高校人事部门在实际操作中将会常常面临各种新的情况、新的矛盾以及新的挑战。此时，高校人事部门不能固执己见，应该以更开放的心态去接纳新的人力资源管理理念，同时投入到实践中去，开创并运用新型的人力资源管理手段和管理方案。

对高校人力资源管理工作本身而言，无论校方的管理层还是每位行政教职员，都应该组织集中培训、加大宣传力度等多种途径，使每个人都深刻认识到信息化转型的必要性以及现代智能化人力资源管理所具有的诸多优势。从高校管理层的角度来看，人力资源信息化建设有助于提高高校行政工作的运行效率，使得行政工作人员摆脱重复性、机械性等低效的工作模式，有机会开展丰富多彩的创新型工作，以此加速高校体制改革的进程；而从每位教职员工个体的角度来看，人力资源信息化则可显著缩短日常行政事务处理时长，将原本烦琐的审批、刷卡等业务流程迁移到在线操作，挪动至移动通信设备之上，有助于激发教职员工更便捷地智慧办公，从而显著提高工作效率，使他们能将更多精力倾注于学术科研等更为专业化的工作领域。

高校人事部门责任重大，既是引领高校人力资源管理信息化建设的主力军，又是这项工程的积极推动者与执行者，同时也是人力资源管理信息系统的严格监督者。因此，高校人事部门必须全面改变自身的管理理念，认真研究高校人力资源管理信息化的相关知识，积极参与人力资源管理信息化建设，大力推广人力资源管理信息系统的使用。

（二）提高重视程度

高等教育机构的高层主管对于员工资源管理信息化模式的认可与承诺，是推动本校人力资源管理信息化建设进程的坚实后盾。这一建设任务不仅限于人事部门的职责范围，而且牵涉到学院各个部分的运转状况以及全体教职员工的合作努力。因此，我们有必要投入相当大的精力、资本甚至物资，与学校的网络科技中心、教学研究机构及财务协同工作团队等建立紧密联动。这要求人事部门提升对学校领导层面的影响力，使其充分认识到人力资源管理信息化对学校长远发展和提高整体管理效能的重大影响。只有这样，学校领导才能给予人力资源管理信息化建设高度重视，并妥善处理好各职能部门间的协作关系及职能部门与学科系之间的交流互动，团结一致，高效调用各个方面的资源，为建立完善的人力资源管理信息系统提供充足的后勤保障。

（三）培养人才队伍

一支高素质的人才队伍是高校人力资源管理信息化成功建设之必备因素，也是确保人力资源管理信息系统建立之后顺利运作的重要依托。为实现这一目标，我们需对人事部门承接的各类业务进行深入剖析，对每一项业务处理流程进行优化和精简。因此，推进人力资源管理信息化建设时，必须动员全体教职员工参与其中，通过实际操作锻炼出优秀的人力资源管理信息化建设人才。在实施高等院校人力资源管理信息化项目的过程中，人事部门的工作人员是最熟悉自身业务的专家。他们的积极参与将提供详细而准确的业务需求信息，改进现有业务流程，并深度参与到信息系统的设计环节中。借助高校人力资源管理信息化项目的开展，人事部门的工作人员将系统熟悉人力资源管理信息化建设的整个过程，深刻理解人力资源管理信息系统的设计思想，快速、准确地掌握系统的操作技能，并在系统成功上线后胜任相关的管理与维护工作。

（四）严格执行实施过程

高等教育机构人力资源管理信息化的推进必须严格遵循相关规定的实施流程，认真落实每一个环节，包括但不限于系统体系策划直至系统维护的全过程。每个高等院校人力资源管理信息化项目都面临时间与资金等诸多限制，因此只有科学稳妥地安排项目实施进度、合理调动相关资源，严守项目进度节奏，才能保证项目按计划如期交付使用。然而，不能急功近利，轻举妄动，导致项目超过预定时间无法取得应有成果，也不能过于紧迫，导致某个环节被忽视或者马虎应对，使得信息化建设成果无法达到预期效果。

（五）保证信息系统的正常运行

在构建高校人力资源管理信息系统的模块和整体架构时，应当依据软件质量控制的技术手段，确保系统软件的质量达到优良标准。这包括努力降低编程过程中的错误率，消除可能存在的软件漏洞，并严格遵循安全管理规定，采取有效措施防范各类计算机病毒、网络黑客等威胁，以确保校园网络基础设施的安全性。只有这样，才能为高校人力资源管理信息系统的稳定运行创造有利的环境。

（六）加强基础建设

为提升高校人力资源管理信息化建设水平，必须从基础设施建设入手，积极推进各项基础设施建设工作。

1. 应对人事部门现有员工进行专业性培训，使其掌握最前沿的信息科技及相关知识，提高业务能力。

2. 需要招募具备深厚专业知识和卓越技术水平的新人，并进行职位职责设定和招募标准的深入探索和创新，以吸引和留住更多优秀的人才。

3. 应充分考虑人力资源管理工作者的综合素质水平，科学选择和运用新兴技术，以适应学校的发展需求，不盲目跟从潮流，而是充分发掘新技术的潜力，进一步提高管理效能。

（七）加强统筹规划

在推进学校人力资源管理信息化建设时，应注意以下几点：

1. 需要深入理解学校人事制度的短期计划和远景目标，并将二者有机结合，实现更为全面的规划操作。制定科学、精细、完备的人力资源管理信息化战略决策是至关重要的，这需要在坚实的科学基础上体现高效性和前瞻性，以推动学校未来的长期发展。

2. 应全方位审视人事工作的全局态势，深入思考和推进系统化布局规划，确保人力资源管理信息化战略决策的完整性和精确度。同时，需要全面了解人事工作的现状和信息化进度，并以科学的视角进行准确定位，构建更具科学精神的策略方针。

3. 需要建立健全的数据处理和数据收集规范体系，实现信息资料的广泛传播和共享，激发协同效应，使校内各部门共同参与合作，共同提升。

4. 不同部门之间需要加强团队协作，实现数据流通分享，共同应对各种挑战，以提高数据信息的运用效益。在信息科技与网络科技已经深入生产生活各个领域的今天，高等教育机构必须理性对待信息科技，在人力资源管理过程中积极强化信息化建设，以确保相关事务得到妥善处理，有效发挥高等教育机构的重要职能，为社会培养更多杰出人才。

第五章 信息技术在高校教育教学实践中的应用

第一节 网络资源在教学中的应用

针对强化网络资源在教学实践中的深远意义，本章节将会阐述其中的一些重要理念及相关问题。我们首先关注的焦点在于如何科学地运用这些丰富的网络教育信息资源，并通过对其系统化的理解及全方位理解，挖掘出其潜在的教育价值，使之以数字化信号的形式在互联网世界中实现快速高效地传递，进而让学习者从中受益。在此过程中，我们既可以独立地运用每一项网络教育资源，也应鼓励学生对它们进行有机融合，以提高学习效益。值得注意的是，在高等教育教学实践中，对网络资源的深度利用能显著提升教学效果。

一、网络教学资源的类型与特点

（一）网络教学资源的类型

网络教育资源种类繁多，依据不同的分类维度和准则会产生迥异的划分方式。从学科领域来看，网络教学资源大致可分为语文、数学、英语、物理、化学、历史、地理、生物、政治等各类科目；而从其所包含的语言种类而言，又可以细化为汉语、英语、法语、俄语等多个范畴；再从教学资源具体功能方面看,则可分为课件、模拟演示、教案、操作演练等多种形式;最后以教学资源的适用环境为标准,又可划分为适用于课堂教学的资源以及适宜学习者自主学习的课外资源。

(二)网络教学资源的特点

相较于传统的教学资源,现代网络技术教育背景下的网络教学资源更具适应性和灵活性,尤其是在今天这个信息化技术迅猛发展的年代,网络教学资源具备以下几个最为显著的特点:

1. 数字化特性及其优势分析

数字化作为计算机数据处理的基本特性及网络传播的核心特性,其独特之处在于类似于物质世界的基本粒子——原子一般。同样的,计算机处理的数据主要以二元("0"和"1")状态为主,构成网络信息领域基础单元的正是这两种状态。教学资源的数字化过程,就是将如文本、影像、动画等各类信息经过转换制度化,将原先的模拟信号转化为数码信号。这些多元的图片和声音,其实质是通过对"0"和"1"这两种基本数字信号进行不同排列组合来表示。值得注意的是,数字信号相比于其他类别的信号,具有更高的稳定性,因此其纠错能力也更为出色。数字化的意义并不仅限于易于复制与传递,更关键的是它使得各种形式的信息可以方便地进行转换。具体操作是先将一定的信息通过编码以数字形态展现,这些数字信息需要经历介质传输才能最终到达终端设备,接下来就是通过解码将其恢复为原始的信息。通过这样的步骤,远程教学资源得以实现,学习者可以在任意一台连接互联网的电脑上找到他们所需要的资料信息。

2. 资源开放性及动态性的内涵与价值诠释

随着网络技术的快速发展,传统意义上的时空概念已被彻底颠覆。无论是由北京前往泰国还是从北京去往杭州这样原本距离相隔甚远的行程,如今通过网络平台就变得一蹴而就。这充分说明了网络彻底消除了真实地理层面的隔离和国界的限制，使得网络上的教学资源实现了即装即用。另外，人们对于各种教学资源的信息结构不再是固定不变的，用户甚至可以随时根据需要进行重新组织，重新创建链接，从而使网络教学资源具备了高度的生动性。

3. 资源多媒体化及非线性化特点的解析与应用分析

借助网络技术的发展，我们现在已经可以看到各种样式的网络教学资源都体现出了显著的多媒体化特点。所谓的多媒体化，其实是指使用者可以在多媒体计算机技术的帮助下，轻松完成诸如文本、音像在内的各类学习资源的存储、传输和处理工作。这种处理方法相对于过去仅仅依赖文字和图片处理信息资源的模式，显得更加丰富多彩。采用多媒体信息进行教学，不仅能迅速且高效地传递教学内容，还能灵活应对各种不同类型的学习者，全面满足各级别学习者的个性化需求。另外，现代信息科技教育的网络学习资源运用超媒体技术构建，能够支持包括文本、音频、动画等在内的多种媒体信息，采用超文本的方法来组织信息，非常适用于展示非线性的网状知识结构，而且也与人脑的认知思维方式极其吻合，有利于促进教学信息的有效组织以及知识的合理迁移。因此可以得出结论，网络教学资源实际上保持着非线性化的组织特点。

4. 交互功能的细化阐述

互动板块是新型以"学"为中心的教学资料的重要标志特征，同时也清晰地区别了其与传统传媒形式间的分工区分。相比之下，传统传媒形式仅仅致力于实现单向的、被动式的内容传输，而具备交互功能的教育课件则能够充分调动学习者立志主动调取和掌控信息的积极性，进而彻底打通时间与空间的界限，使学习者得以采用同步或者异步式的模式展开学习。此外，教师与学生、学生与学生之间可能采用诸如文字、语音等多种媒体形式来实现双向甚至多向信息聊天交流，从而促进了学习者之间的互动与合作，有助于加深对知识的理解与应用。

在线网络学习资源就如同一座全球范围内的数字化图书馆，无论是何种类型的学习者需求，都能在此处得到满足。借助 Web 超媒体组织方略，各种信息元素被精确完整的呈现，符合学生的认知结构需求。通过交互式教学平台，学生可以根据自身的学习进度和兴趣自主选择学习内容，随时随地进行学习，并通过与教师和同学的互动获得及时的反馈和指导，提高学习的效率和质量。

再者，现代信息技术在教育领域中所应用的网络教学资源还配备了非常强大的搜索机制，这极大地方便了学习者在如烟海般浩瀚无垠的信息世界中迅速定位到所需的信息内容。通过精准的搜索功能，学习者可以快速找到符合自己需求的学习资源，并进行个性化的学习安排和深度挖掘，从而提升学习效果和满足个性化学习需求。

二、网络教学资源的检索和下载

（一）网络教学资源的检索

1. 搜索引擎的理论概括及实际应用

搜索引擎作为一种专门为协助互联网用户快速定位信息的工具，通过特定的算法机制，在广阔无垠的网络空间中搜寻并收录各类信息，并向用户呈现出符合需求的高品质检索服务。搜索引擎根据其工作模式的不同，大致划分为全文本搜索引擎、目录索引搜索引擎以及元搜索引擎。在选择搜索引擎时，需要根据需求和特点进行合理选择，以获取最佳的搜索结果。

2. 利用搜索引擎进行教学资源搜索的详细步骤

（1）明确检索需求

在进行实质性的检索前，必须对检索需求进行深入解析，明确欲搜寻何种形式的信息，为顺利完成信息检索奠定基础。

（2）选用适宜的搜索工具

每个搜索引擎各具优势与特色，选用适宜的搜索工具有助于取得最佳的搜索成果。

（3）选定检索范围

需要对海量的网络信息资源进行精选，确定适当的检索范围，既不能过宽也不宜过窄，是确保检索效果的关键因素。

（4）挑选适当的关键词

关键词是反映主体概念的词汇或短语，选择恰当的关键词对于检索结果的关联性和有效性至关重要。

（5）构建卓越的检索表达式

检索表达式由检索词和操作符号构成，通过逻辑操作符、截断操作符、位置操作符、字段操作符等组合，能够满足用户的需求，影响着检索质量的直接因素。在构建检索表达式时，应考虑多重关键词的组合，并运用"+"或者"空格"进行合理结合，以获取精准的搜索结果。

在构建检索表达式时，需注意避免冗余或不必要的词语，以确保搜索结果的准确性和相关性。

（6）严谨的检索流程

在现代人工智能驱动下的计算机检索系统中，用户通常无须亲力亲为地操作，只需按下"检索"或者"启动"按键，系统就会根据用户设定的检索表达式独立行使数据库筛选功能，自动呈现相应的匹配结果供用户参考。这种严谨的检索流程能够确保检索过程的高效性和准确性。

（7）审慎评估检索结果

在针对检索所得的丰富数据源进行甄别筛选后，需要进行一次深入的评判，确保检索结果是否完全符合事先设定的检索标准。若结果已基本达到预期，则可以利用该检索成果，无须再次发动新的检索工作；反之，则需要重新审视和调整检索需求，优化选择检索工具，并可能修改关键词语及检索表达式，以产生新的检索源。

（二）网络教学资源的下载与保存

无论通过何种方式获取教学资源，都需要解决如何将其有效下载至个人电脑数据库的问题。以下是下载各类素材资源的详细操作指南：

1. 下载各类素材资源

（1）文本类素材

可采用复制、粘贴指令或将整个网页另存进行文字保存。

（2）图片类素材

通过鼠标右键单击图片，选择图片另存为命令完成图片保存。

（3）其他形式素材

对于动画、音视频等素材，可通过鼠标右键单击资源链接地址，选择目标另存为进行保存，也可使用专用下载工具如网际快车、迅雷等进行下载。

2. 保存网页资源

在检索到教学资源后，如需保留网页中所有内容，可选择另存为选项，具体操作如下：

（1）选择保存类型为网页，全部（*.htm；*.html），保存结果将包括网页主体文件和附属文件列表，可在离线状态下完整浏览网页内容。

（2）选择保存类型为 Web 档案，单一文件（*.mht），生成的 mht 文件包含原始页面的文字内容和其他信息模块。

（3）选择保存类型为网页，仅 HTML（*.htm；*.html），生成的文件为简洁的网页文档，仅包含文本信息。

（4）选择保存类型为文本文件（*.txt），生成的文件为纯文本文档，不含多媒体信息。

3.保存网站地址以便使用

在利用搜索引擎找到珍贵的在线教学资源网站后,为了未来更便捷地访问这些网站,常常选择将它们的链接地址保存在收藏夹内。操作步骤如下:

打开您想要保存的网页,点击浏览器顶部的【收藏】菜单按钮,然后选择【添加到收藏夹】选项,弹出一个【添加到收藏夹】对话窗。在该窗口中,填写该网页的简短描述,并点击确认按钮,即可成功保存该页面的地址。

为提升收藏夹的管理效率,常采取建立多个文件夹进行分类管理的方法。在【添加到收藏夹】窗口中,点击【新建文件夹】选项,输入文件夹名称,点击【确定】按钮后,即可成功在收藏夹下新建一个文件夹,并将相关网址归入其中。

当需要对收藏夹进行深入管理时,再次点击【收藏】菜单按钮,选择【整理收藏夹】命令,弹出自定义【整理收藏夹】对话框。在该对话框中,可以创建新文件夹、修改文件夹或网址的名字、移动文件间关系或链接地址等。

三、网络教学资源的应用形式

互联网中的众多教学资源已构成了庞大的知识宝库,对教育领域的支持和服务功能使其成为一股不可忽视的力量,对传统的教学模式产生了深远影响。教师的备课、教学实施、学生的学习模式以及教务管理工作都经历了翻天覆地的变化。网络教学资源带来的不仅是教学效率提高,更是教学质量的巨大飞跃。以下是五种主要应用形式及其影响:

(一)电子备课

电子备课是一种相对于传统备课方式的现代化教学实践,其利用计算机及其他现代信息技术手段，通过操作和编辑电子文档，从多种媒体素材中获取所需资料和信息，并将其有机融合在同一空间内供学生观看。与传统备课相比，电子备课具有以下显著优势：

（1）广泛的资源获取渠道

通过网络平台和在线数据库等途径，教师可以轻松地获取各种形式的教学资源，包括文字、音频、图片和视频等多种形式的资料。

（2）高效率的备课过程

电子备课不受时间和地域的限制，教师可以随时随地利用电脑和网络进行备课，提高了备课的效率和灵活性。

（3）生动鲜明的教学内容

通过多媒体技术，教师可以将教学内容呈现得更加生动、直观，有利于学生理解和记忆。

（4）强大的交互性

电子备课可以加入互动元素，如在线测验、教学游戏等，促进了师生之间的交流互动，提高了学习的参与度和效果。

（5）创新的形式和内容

相较于传统的纸质教案，电子备课可以融入更多的多媒体元素，如动画、音频和视频，从而更全面地展现教学内容，满足了学生个性化学习和自主学习的需求。

（二）基于资源的学习模式

互联网为学习者提供了丰富多样、海量的学习资源，包括数字图书馆、电子阅读空间、在线出版物以及各类数据库和多媒体电子书籍等。学习者通过掌握一定的信息搜集技巧，能够利用网络上的多种检索途径，快速便捷地获取到符合自身学习需求的知识内容。

相较于传统的学习模式，以资源为基础的学习方式在学习者及其教师的地位和角色上发生了重大调整。其主要区别在于前者更关注学习过程的发展，而传统学习模式更注重学习成果的积累。以资源为基础的学习方式注重培养学习者识别信息、运用信息解决问题的能力，而传统学习模式更加强调强化学习者对知识的记忆。综合而言，以资源为基础的学习方式是适应信息时代网络化社会发展的理想学习模式。

以资源为基础的学习方式的主要目的在于为学生提供各种实践机会，使他们在掌握基础知识的同时，养成独立自主的学习能力，逐步培养学生终身学习的观念和能力。该学习模式不是简单地提供现成答案，而是创造一个非规范化的学习环境，其中包含各种实现学习目标所需的参考资源。学生通过选择、分析、整合和实践运用这些资源，逐步实现对知识的深入理解，并培养处理信息和解决问题的能力。

（三）信息服务

互联网以独特的专家顾问形式，为用户提供全面周到的信息服务，不仅提供详尽的资源内容，还主动提供策略指导和解决方案。其中，各类教育教学信息起着重要作用，协助用户分析和评估教育领域中的问题，并寻找可行的解决方案。用户接收教育信息的同时，也为其贡献了观点和资源，丰富了整个教育信息网络体系。该系统涵盖了丰富的教育教学理论、模式、策略、经验、案例以及学科知识等资源，用户可借助该系统综合分析所有相关信息，并给出理性的解决方案。

然而，完全依赖科技手段实施仍不现实，网络教育仍需充分人为介入，建立一整套信息规则和推理机制，将混乱无序的信息转化为具备信息服务功能的资源。

（四）知识存储与共享

随着社会的不断发展，数字化存储已成为知识传承与分享的主要形式。

尽管历代教育工作者积累的知识仍然是教育的核心,但网络资源的开发与应用却极大地提升了知识积累的质量,并有效挖掘了知识的内在价值。网络资源的科学分类与归纳使得知识更加规范化与体系化,进而促进了学者们对知识的深层次认知,发现新问题并激发新思维,从而推动了真正的创新突破。

互联网汇聚了全球各地创作者的信息资料,用户可以轻松获取,这为跨学科、跨文化的交流互动提供了机会,同时也加强了竞争与合作。在网络时代学习中,求新、求变、多样化与高效率已成为主要特点,这要求我们具备广阔的视野、灵活创新的思维模式以及快速反应的能力,主动利用丰富的网络资源与他人开展深入交流,不断完善自我。

(五)模拟体验

在线教育资源采用了非线性的编排方式,更符合人们的思维习惯,不仅包含数字化资源,还构建了社会化环境,如虚拟社群和深度学习网站等。这些环境源自真实世界,与实体社会有一定的对应关系,但由于媒体的特殊性,网络上的个体行为往往呈现出个性化状态,因此,网络信息活动实际上是一种虚拟的体验。

这种体验既可以是对现实生活的模拟,如虚拟实验室、模拟实验平台等,使得不同地域的人们能够共同参与话题探讨、协作解决实际问题;也可以是对历史事件和未来想象的投影,如历史事件的仿真再现或宇宙空间的多元展示等,构建了现实课堂难以达成的新型情景。

第二节 视听觉媒体的特性与教学应用

根据心理学对人类记忆能力的实验研究,当信息以视觉和听觉两种感官同时接收时，通常会产生最佳的信息保留效果。因此，在学习环境中，有效地结合视听双重感知对于提升学习效果至关重要，而视听觉媒体作为支持视觉和听觉共同运作的工具，在改进学习效果方面具有关键作用。此外，视听觉媒体还能够提供动态的影像画面和相匹配的音频信息，广泛应用于教学过程中的视听教育媒体设备种类繁多，包括电视机、录像机、摄影机、无线电视收发系统以及有线电视执行系统等。

一、视听觉媒体的主要特性

（一）视听结合

视听觉媒体以结合生动逼真的图像画面、悦耳动听的音乐、声效和语言为特征，呈现视听双重信息。生动的图像画面能够直观展示具体事实，文字解说则适用于阐述抽象复杂的概念，而音乐和声效则有助于营造特定的氛围和情境。通过整合这些元素，视听觉媒体能够极大地激发学生的感官体验，帮助他们弥补在教学过程中直接体验的不足。

（二）突破时空限制

视频具有丰富而灵活的时空表现能力，能够全面展示宏观、微观甚至瞬间与持续的各种事物及其演变过程。这种时空表现能力使得视频教学能够按需有机地组织教学场景，有利于学生对问题进行深入观察、认知、理解和反思。例如，利用显微镜摄像设备放大展示肉眼无法观察到的微观现象或过程，或者利用普通摄影手法将宏观事物压缩到电视屏幕上，都能够开阔学生的视野。此外，视频还可以以适当的速度播放变化迅速或缓慢的现象或过程，满足不同教学需求。例如，通过动画技术追溯历史长河、预测未来趋势或构建虚拟时空。通过画面景别变换、镜头移动和组接特效，视频还能够展示事物现象之间的空间和时间变化，从而加强学生对事物的理解。

（三）较强的时效性

利用人造卫星进行电视直播活动能够实现对全球各个角落正在发生的重大事件的实时、精准传递，从而确保教师和学生能够迅速获取当下最新鲜的资讯。这种即时性的信息传递极大地拓宽了他们的知识领域，使他们能够更快速地获取信息，从而提高了信息的及时性和可及性。

（四）灵活多样

随着电子科技的快速发展，电视教材在制作精细程度、形式以及使用方式上日益具备灵活多变的特点。在教材的使用和存储环节，可以考虑将其转换为适当的媒介形式，这样不仅更符合教学需求，而且方便携带，实现了从传统课堂教学到现代自主学习的全方位转变。

（五）教育范围广

基于人造卫星的教育电视系统构建了覆盖广泛的"天罗地网"，能够同时覆盖广大观众群体，并深入每一个课堂和家庭。这种教育电视系统具有广泛的传播范围，使得大规模的远程教育和全民终身学习成为现实。它不仅促进了教育资源的共享和交流，而且为教育事业的发展带来了新的可能性，对社会的教育水平和文化素质提升具有深远影响。

二、电视的教学应用

电视作为视听觉媒介的典型代表，通过通信线路将现场节目或录制的场景以图像形式同步呈现给观众。在这一过程中，电视信号的传输通过摄像机捕捉现实景物的光像信息并转化为图像电信号，声音信息则通过话筒转化为声音电信号，然后在接收端通过电视机解码，复原出原始的图像和声音。

目前，电视广播教育、卫星电视教育以及电视录像教育等工具在提升国民整体文化素养、职业技术教育、成人教育以及终身教育等领域发挥着重要作用。接下来，简要介绍电视媒体在教学中的几种常见应用类型。

（一）利用广播电视系统进行系统教学

系统教学是通过录像带、电视等科技手段全方位实施整门学科的教学课程。教学资料主要通过卫星广播电视、闭路电视以及录像教学中心进行传播。教师在这一模式下主要承担课堂辅导、答疑和作业批改等职责。例如，我国的广播电视大学、电视师范学院采取了这种教学模式。这种教学方式不仅能够大规模传播教学资料，提高教学效率，还能够缓解教学资源短缺问题。

（二）应用电视录像媒体进行示范教学

教育者可以利用电视录像媒体向学生展示经典且具有代表性的示范素材，引导学生进行教学实践。例如，教学者可以通过电视录像媒体生动展现实验原理、步骤和手法，为学生提供全面准确的指导。学生通过观看实验演示录像，不仅可以亲眼见证整个实验过程，而且能够快速精准地掌握实验操作步骤。此外，学生还能够从实验的正误操作对比中吸取宝贵的经验教训，以便今后避免类似错误。因此，巧妙地运用电视录像媒体有助于优化教学流程，提升实验教学的质量和效率。

另外，在体育训练、企业实习和教师培养等领域，电视录像也有着重要的应用。例如，在体育训练中，可以用于展示各种动作和技巧；在企业实习中，可以展示规范的生产流程和操作技巧；在教师培养中，可以展示优秀教师的授课情况等。

（三）利用插播教学片辅助课堂教学

在日常的课堂教学中，教师可以根据教学大纲和计划，适时引用电视教材和播放设备，穿插播放一些教学影片，以解决教学过程中的重点和难点问题。教师可以根据实际需求和情境随机选择播放内容、时间和频率。这种教学方式使课堂教学更加灵活多变，满足了学生的学习兴趣，激发了学习热情。

（四）利用录像反馈加强学生技能培训

微格教学在培养师范生的课堂教学技能方面展现出显著成效。该方法通过运用摄像机和录像设备全程记录学生在讲台上的教学过程，并通过录像反馈和小组评价的方式，帮助受训人员更清晰地认识自身的优势和不足，以便他们更好地发挥优势、改正不足，快速掌握各类课堂教学技能的运用规则。

（五）辅助课外教学

在课外时间，利用电视录像手段进行素质教育是一种有效的教学方法。影视作品题材丰富多样，内容生动活泼，主题富含深意，具备较强的教育性和思想性，极具吸引力和感染力，易于被学生接受。播放科普教学影片有助于填补教师在课堂教学中的空白，同时也能拓宽学生的视野、丰富知识储备，有益于学生综合素质的培育。利用电视教材和中外名著欣赏功能进行德育、智育、体育、美育、劳动技术教育以及心理素质培育等多元化教育，不仅充实了学生的课余生活，也拓宽了他们的知识领域，对学生潜能挖掘、心理素质培养以及社会文化素养提升具有重要意义。

（六）帮助学生自学

电视教材不仅呈现了丰富的感官素材，还包含了教师的深度解析和讲解。因此，相比阅读文字教材，学生在使用电视教材进行自主学习时通常效果更显著。显然，电视媒介是协助学生进行自主学习的理想工具之一。

第三节 远程教育中的自主学习与学习支持

一、远程教育中的自主学习

我们需要深入探讨远程教育所强调的"学生为中心"的核心理念，以及其以培养学生个体自主学习能力为主导目标的先进教学模式。这一教学方式已成为当代知识型社会不断发展的教育体系中的重要组成部分，在高等教育领域展现出广泛且深远的影响。

远程教育成功地突破了传统面对面授课形式的时间和空间限制，使学习者能够充分利用现代教育科技和多样化的多媒体工具，更自由地投入到自主学习中。换言之，自主学习意味着学习者能够自我引导、自我激发、自我监督，全面参与学习过程。这种学习方式展现了学习者在学习过程中的主导地位，以及其主动性和积极性。

（一）远程教育中自主学习的主要特征

在远程教育领域中，自主学习呈现出一系列显著的特征，具体包括：

1. 主动性

学生从被动接受式学习转向主动探究式学习，自主学习的核心在于学生的自我引导、激发和监督。学生的学习兴趣和责任心是主动学习的动力，他们积极参与学习，确立学习目标，享受学习过程中的愉悦体验。

2. 独立性

学生展示了自信心，不依赖他人的帮助，自主选择学习内容、设定学习目标、采用学习方法和安排学习进程，构建个性化的评价标准。

3. 技术性

自主学习建立在现代信息技术的基础上，学生通过运用先进的信息技术手段，突破地域限制，利用多样的多媒体教学资源进行学习。

4. 开放性

学生在远程教育体系中拥有更大的探索空间和灵活度，可以根据个人爱好、生活习惯和学习特点选择专业方向，制订学习计划，自主安排学习策略。

5. 监控性

自主学习是一种元认知监控驱动的学习模式，学生能够对自己的学习过程、状况和行为进行深入反思、自我调整和评估，及时纠正错误，实现持续的学习进步。

（二）远程教育中自主学习的过程

在现代远程教育的高效学习环境下，学生经历的自主学习过程可分为五个基本环节。这些环节的连贯性与递进性，构成了学生远程自主学习的关键步骤，其中第二和第三环节尤为重要，是自主学习的核心所在。

1. 学习规划细化阶段

在远程教育环境中，学生需要深刻转变传统学习观念，从被动接受转变为主动探索的求知态度。这种观念变革是自主学习的基础，需要通过自律意识的强化和学习毅力的培养来实现。学生应自发地激励自己，引导自己发现学习的乐趣，并建立自我监控和自我评估的习惯。明确课程设定的目标和要求，特别是针对难点问题，有助于确保学习过程的方向性和目标性。通过与同学的交流和讨论，学生可以获得新的学习思路和方法，并及时调整个人的学习计划。同时，学生应充分利用学习支持系统，寻求有效的帮助和支持，确保学习过程得到规范和保障。倾听师长和咨询顾问的建议也是至关重要的，他们能够提供宝贵的指导和支持，帮助学生更好地规划和执行学习计划。

2. 学习资源获取阶段

远程学习者需要熟练掌握并有效利用各种学习资源，这是自主学习的基本要求。学生应具备良好的计算机和网络基础操作能力，能够在网络环境中查找和获取所需的学习资料。无论身处何地，学生都应积极利用各种文字材料、电视广播等多样化的学习资源和科技手段进行自主学习。在制定学习进度安排时，学生应根据个人的学习节奏和目标，合理安排学习时间。同时，学生还应注意对不同媒介资源的筛选和运用，以及解决网络学习资源的理解和选择问题。

3. 团队协作讨论参与阶段

在远程学习环境中，学生与同学和教师之间的团队协作讨论至关重要。这种讨论形式包括面对面交流、书信往来、电话对话、短信交流等多种方式。特别是在无法面对面交流的情况下，书信和电话成为经济实惠、便捷易行的通信方式。在互联网普及的地区，网络通信成为主要的交流方式，如电子邮件、电子公告板等。随着通信技术的不断发展，远程学习者还可以通过虚拟教室系统进行在线直播授课和讨论。团队协作讨论的目的是促进学生之间的交流和合作，共同解决学习中遇到的问题，丰富学习体验，提高学习效果。

4. 探究学习成果提交阶段

相较于其他学习阶段，学习成果提交阶段的操作相对轻松。学习成果的定义具有相对宽泛和灵活性，如书面考试成绩、学术文章、项目演示等，这取决于自主学习者的个体需求。关于如何提交这些学习成果，需要根据具体情况进行分析和选择。可以采用学校内常见的纸质材料形式提交，也可以通过严格的书面测试参与评价，甚至在无法面对面沟通的情况下，在互联网上建立专门的学习成果提交专区，学生按规定的名字分类提交作业，最终由教师或助教团队整理收集后进行评价和考核。这种多样化的提交方式为学生提供了便利,并充分考虑到了不同学习者的个性化需求。

5.深度解析学习成效评估阶段

在远程教育的自主学习流程中,对学习成效进行评估具有至关重要的意义。自我评估机制在此扮演着关键角色,其内外双向性质包含了教育工作者代表社会对受教育者自主学习动力、策略运用及个人素养的全面评价,同时也融合了受教育者自身在学习过程中的自我监督和评价。在远程教育环境下,自主学习成果的评价涵盖了学生的学习态度、学习动机、学习策略、自我监控水平、知识获取途径、自我反思能力等多个方面。

特别值得强调的是,在采用高效策略化的学习方式时,单一的评价手段已经不再适用。为了准确揭示真实的自主学习情况,需要量性和质性的评价方法有机结合,并兼顾动态、长期的发展性评价。这意味着评价方法应当不断地适应学习者的成长和变化,从而更加全面地了解学习者的学习情况,为其提供更加有针对性的支持和指导。

远程教学体系以"学习者为中心"的核心理念为基础,这要求学习者具备较高程度的自主学习能力。然而,长期处于传统教育系统中的学习者初次接触远程学习时,常常会感到无所适从,难以自如地实现自主学习。因此,确保学习者自主学习的有效推进,并为其提供全方位的学习支持服务显得至关重要。这包括提供指导、反馈和资源支持等,以帮助学习者克服困难,更好地实现自主学习的目标。

(三)远程教育中自主学习的影响因素

自主学习作为学习者在远程教育环境中的核心行为,受到多种内外在因素的交互影响。为了全面了解自主学习的成败,我们需要从主观和客观两个层面探讨其关键要素。

1.主观影响因素

主观影响因素涉及学习者内在的认知、情感和行为特征,包括学习基础、学习动机和学习能力等方面。

（1）学习基础的巩固对于后续学习的发展至关重要。缺乏扎实的基础知识会导致学习者在面对复杂学科时感到困惑和挫折，进而影响到自主学习的积极性和效果。因此，学习者在自学过程中应该循序渐进、由浅入深地巩固基础知识，确保在知识结构上的稳固建立。

（2）学习动机是驱动学习行为的内在力量，直接影响学习者对学习任务的投入和坚持。强烈的学习动机有助于学习者保持学习的热情和动力，激发他们积极主动地探索和学习。因此，教育者应该通过激发学生的学习兴趣、提供有挑战性和意义深远的学习任务来培养他们的学习动机，从而提升他们的自主学习能力。

（3）学习能力是学习者获取、理解和应用知识的能力，对于自主学习的开展至关重要。缺乏有效的学习策略和方法会使学习者在面对学习难题时无从下手，降低其对学习的信心和兴趣。因此，教育者应该帮助学生培养良好的学习习惯，教授有效的学习技巧和方法，引导他们在学习过程中不断反思和调整自己的学习策略，从而提高他们的学习效率和学习成果。

2.客观影响因素

客观影响因素在自主学习过程中扮演着关键角色，主要围绕学习环境和学习媒介两个方面展开，其中包括学校环境、家庭环境、社会环境以及文字教材、音像教材和网络资源等。

（1）环境因素

学校、家庭和社会环境对学习者的自主学习起着重要的塑造和影响作用。良好的学校环境能够为学习者提供充足的学习资源和舒适的学习场所，有效激发学习者的学习兴趣和动力，进而推动其自主学习的展开和深入。积极向上的家庭环境则有助于学习者树立正确的学习态度和价值观，家庭成员的支持和鼓励对于学习者的自主学习意愿和信心的培养至关重要。

此外，社会整体的学术氛围也会对学习者的学习态度和行为产生影响，良好的学术氛围有助于学习者形成积极向上的学习氛围，推动其自主学习的开展。

（2）媒介因素

文字教材、音像教材和网络资源作为学习者获取知识的重要渠道，在自主学习过程中具有不可替代的地位。优质的教材和资源不仅提供丰富的学习内容和多样化的学习方式，还能够激发学习者的学习兴趣和创造力，从而促进其自主学习的发展和提升。通过文字教材的阅读、音像教材的观摩以及网络资源的搜索，学习者可以拓展自己的学习视野，深入理解知识内容，提高学习的效率和成效。因此，教育者应该重视媒介因素的作用，选择和利用优质的教材和资源，为学习者提供良好的学习支持和条件，促进其自主学习的顺利进行。

（四）远程教育中自主学习能力的培养

在远程教育的新兴领域中，学生的自主学习能力被认为是至关重要的，因为它涉及学生积极主动的学习态度和内在的学习能动性。在这样的学习环境中，我们需要特别关注如何培养学生的自主学习能力，为此，我们可以从以下几个方面努力：

1. 激发学生的自学热情和动力

在远程学习环境下，学生的学习动机成为推动其自主学习的内在动力。然而，由于学生长期处于传统教育环境中，他们可能缺乏对自主学习的认识和动力。因此，教育机构和教师应该通过各种方式来解释远程教育的优势和特点，帮助学生理解和接受新的教学理念和学习方式。同时，通过在线解答、研讨会和测验等活动，帮助学生适应网络学习环境，增强他们的自信心。另外，建立正确的学习价值评价体系也是激发学生学习兴趣和热情的重要途径。

2. 深化学生的学习策略掌握

为了提高学生的自主学习能力，我们需要教会他们有效的学习方法，提高他们的学习策略理解和应用能力。学生作为自主学习者，优秀的学习策略是他们成功的关键。因此，在课程设置中，教育工作者应该注重培养学生的学习策略，提供丰富的案例分析和应用技巧，让学生能够熟练地运用各种学习策略。此外，可以考虑建立网络学习策略指导平台，为学生提供更详细的策略指导和培训。

3. 强调培育远程学习者的自我调控潜能

培育远程学习者的自我监控能力是在远程学习的大环境中引导学习者掌握自我持续学习过程的操控力。这包括对自身行为的深入认识、学习规划的明晰制定、学习环境的妥善管控、学习成果的科学评估以及对学习过程的适时修正等多个环节。在引导学习者进行自我了解、自我组织、自我制订并实施合理学习计划以及自主选择适宜学习策略时，我们应当着重培养学生具备自评学习质量的能力。同时，鼓励学生在学习历程中始终保持对症下药的无限反思精神，根据实际学习情况对学习过程及方法进行弹性调整，积极探究最适合自身特质的最优自主学习模式的构建方法。利用先进通信技术，学生还可以积极与教师和教育管理者进行互动，构建反馈体系，为实现自主决策提供可靠依据。共同探讨并创建高效实用的自主学习方式是远程学习者在自我监控能力培养中的关键一步。

4. 倡导远程学习者间的协同学习，加深归属感

根据马斯洛的需求理论观点，归属性与情感需求是人类基本的心理需求，而长期不能得到满足可能导致学习效果下降，甚至产生心理障碍。尽管远程教育主张学生自主学习，但同时也支持学生进行协同学习。倡导协同学习有助于缓解远程学习者因缺少面对面交流而产生的孤单情感及由此引发的心理压力，从而有效稳定乃至提升学生的学习热情。在远程教育的

实践中，教师应发挥科技优势，鼓励学生在自主学习的同时适应并熟练掌握信息技术媒介实现的虚拟交流空间内的合作学习。通过思想碰撞升华知识理解，深度思考问题，增加创新性学习机遇，强化学生的归属感。

5. 提供充分的信息技术支持

在培育远程学习者的自主学习能力过程中，强调信息技术的底层支撑至关重要。信息技术在教与学之间搭建了桥梁，通过教师的授课和学生的学习，实现双方在方式方法、教学理念和学习内容等方面的优化匹配。由于现代远程教育环境下的学习模式与传统方式有显著差异，学生更热衷于通过各种媒体平台增强互动交流，突显自主学习的核心价值。因此，信息技术成为影响自主学习成功与否的关键要素之一。

二、远程教育中的学习支持

高校远程教育中学习支持服务是教育资源的创作、设计、开发、传输和评价以外的又一重要支柱。完善的学习支持服务体系不仅能稳定远程教育质量、降低学生流失率，还直接关系到高校远程教育的整体规划是否成功。因此，我们需高度关注和重视高校远程教育中学习支持服务系统的构建问题。

（一）学习支持的内涵

随着远程教育的普及和深化，学习支持服务已逐渐成为远程教育的重要组成部分，其概念也在不断演进和完善。起初，学习支持服务仅作为解决函授教育中辍学率问题的有效手段提出，旨在为课程设计、开发和发送过程提供有益补充。然而，随着时间的推移，学习支持服务逐渐发展成为远程教育的核心要素之一，并在长期的实践和研究中得到了不断完善。

对于学习支持的含义和范畴，学术界存在不同的观点。一些学者将学习支持服务理解为师生或学生之间面对面的人际交流和互动，这种观点源于他们对传统面授课堂模式的认同。然而，随着虚拟环境和远程学习需求的增长，另一种更普遍的观点逐渐被提出，即将学习支持服务划分为两个部分：

1. 包括面对面互动在内的人际活动。

2. 基于信息通信技术的双向交流。

在这种背景下，一些学者将学习支持服务定义为远程学员在学习过程中获取到的各种支持性服务的综合体，包括多种形式的信息资源、人力资源和物质设施等。

综上所述，远程教育环境下的学习支持服务呈现出多元化和综合性的特征。我们认为，远程教育中的学习支持应被视为远程教学机构为学员提供的所有学习支持服务的总和，包括但不限于课程设计、教学资源提供、师生互动、技术支持等方面。

（二）学习支持服务的类型

在远程教育的虚拟环境中，学习支持服务涵盖以下四个主要方面：

1. 信息传递服务

这类服务包括向学员传达各种形式的信息，如课程注册通知、广播电视教学节目详情和网络课程指导信息等。同时，也包括对学生提出的求助、咨询和反馈意见进行回复和解答。

2. 人员交流服务

这主要包括面对面互动和基于科技媒介的双向沟通交流活动。在支持远程学习的人员服务项目中，教学辅导和咨询服务是最为基础和重要的环节。教学辅导可以以班级或个人形式进行，包括面对面和远程辅导等多种形式。而咨询服务则提供针对学习过程中遇到的各种问题的解答和建议，不仅限于课程学科内容，还包括个人层面的问题。

3. 资源供应服务

该服务旨在为学员提供全方位的资源支持，包括课程教材的发送、图书馆服务、网络资源服务等。图书馆服务尤为重要，已经从传统的藏书阁发展为多元化、信息化的资源共享平台，远程教育机构的图书馆更应构建数字化、分布式网络结构，与其他大学建立合作关系，实现资源共享。

4. 设施设备服务

这一服务提供远程教育机构及其学习中心或教学站点的各种学习设施和设备服务，如图书馆相关设施、视听设备、通信设备、计算机及网络等。设施服务是其他学习支持服务的物质技术基础和保障，为学生提供了必要的物质条件。

这四种学习支持服务形式共同构成了远程教育环境下学习支持的多样化和综合性特征，为学员提供了全面的学习支持和保障。

（三）学习支持服务系统的结构

远程教育作为一种重新整合教学活动的新型教育模式，通过新兴媒体科技弥合了时间和空间上的隔阂。然而，由于远程学习者主要依赖自主学习，面对面的师生互动相对匮乏，缺乏连续性，这导致在学习过程中面临诸多挑战，因此，必须为这些远程学习者提供相应的学习支持服务。尽管各国实施远程教育支持服务的方式各不相同，但从学习支持服务系统的基本组成部分来看，这些服务体系的整体构架普遍包括学习者、教师、服务资源以及通信媒介这四大关键元素，并且这四者之间相互交织、互相关联。

在支持服务系统的运作过程中，教师扮演着主导角色，其职责在于为学习者提供各种服务资源，并根据学习者的需求和个性特点，通过通信媒介与学生开展深入全面的双向交流，以便为他们提供贴合实际需求的支持服务。学习者则是上述服务的主要接受者和受益人，除了积极利用各种通信媒介获取学习资源外，还需要参与各种服务活动，使自己更好地获得支持服务的帮助。

学习支持服务系统的设计理念强调开放性、多样化、选择权以及灵活施教、远程授课等特性。其总体目标是为学生提供切实可行的学习引导方法，形成健全完善的学习服务体系，以便提供精确、快速、高效的信息服务，确保为个人提供个性化的职业规划和发展建议等。

在实际运行中，学习支持服务系统应始终秉承"以学生为中心"的核心原则，竭力为学生的自主学习和个别化学习提供全方位的管理、咨询、辅导、解答疑问、交流沟通等服务，创造有利于学生自主学习的优良环境。同时，我们应持续强化远程教育学生支持服务的有效性，倡导构建均衡平等、互助共进的学习模式，创造更加活跃、充满活力的学习氛围，进一步提高学生的自主学习能力，保障他们在社交领域不被孤立，促进友谊的形成。

（四）构建学习支持服务系统的原则

在建设现代化远程教学环境下的学习支持服务体系及其运营过程中，为了确保能够切实提升远程学习的实际效益，我们应当遵循如下六项基本原则：

1. 以学生利益为根本原则

始终坚持"以学生为中心"的理念，将每个学生的独特个性和全面发展需求置于设计和运作学习支持服务体系的核心位置。这一原则体现了远程教育的特点和核心价值观。

2. 多元整合原则

学习支持服务体系应满足学习者在不同学习阶段的各种需求。通过多层次、多维度的服务项目和内容，包括传统和先进的资源形式，以更好地满足不同学习者的需求，促进学习效果的提升。

3. 全面综合原则

在设计和构建学习支持服务体系时，必须具备综合性的整体优势，通过合理选择、明确定位、科学调配各种资源和媒介，以及顺畅协调各层面关系，实现全过程、全方位的服务，以最大限度地发挥学习支持服务体系的效能。

4. 实时响应原则

要求教师和支持服务体系能够迅速、精准地响应学习者提出的各种服务需求，同时根据学科更新、社会需求变动和科技进步等实时信息，及时更新学习资源、调整服务策略和方法，确保学习者获得及时有效的支持。

5. 适配兼容原则

服务内容和方式应与学习者的实际需求和境况相适配，消除可能的服务障碍。通过深入理解学习者的特性和需求差异，提供个性化、多样化的服务，为每个学习者量身定制服务方案，以实现服务体系与学习者的良好兼容性。

6. 因地制宜的原则方法论

在学习支持服务体系构建中，我们提倡因地制宜的原则方法论，充分考虑各地区域的经济发展和文化层次的差异，以更好地满足远程学习的需求。远程教育的普及程度在不同地区存在差异，因此，在构建学习支持服务系统时，需要遵循现代远程教育的基本原则，同时根据具体地域现状进行差异化调整。尤其是在经济、文化发展相对缓慢的地方，需要考虑采用更广泛的运载平台，如数字卫星电视、音像制品等第二代媒介设备，以促进远程教育的发展。评价学习支持服务体系的品质不应仅限于现代化工具和多媒体资源的增量，而应在混合学习思维观念的指导下，根据实际地点环境进行系统建设与完善。

第四节　翻转课堂的特征、意义与实施

翻转课堂，源于英文词汇"Flipped Classroom"或"Inverted Classroom"，旨在调整课堂内外的时间分配关系，将学习决策权由教师转移到学生手中。相较于传统的课堂教学方式，翻转课堂通过自主学习、观看教学微视频以及自主完成作业，将学习和教学的重心前移至课前，而课堂上则成为师生共同探讨、解决问题的平台。这种教学模式强调学生的自主性和互动性，为提高教学效果和学习成绩提供了有力支持。

一、翻转课堂的特征

翻转课堂的特征可以概括为以下几个方面：

（一）先学后教的教学模式

在翻转课堂的实践中，学生首先通过教师录制的教学微视频或在线提供的资源进行自主学习。回到教室后，学生积极提出未完全理解的知识点和作业中的疑问，与教师共同探讨和解决。因此，翻转课堂是一种注重学前准备的教学模式，既注重学生的自主性，又强调互动和个性化特色。

（二）短小精悍的教学视频

在翻转课堂中，教师根据教学目标和内容制作简明扼要的教学微视频，并配以相应的进阶作业。这些微视频具有短小精悍的特点，大部分时长为数分钟，部分稍长的也不会超过十分钟。每个视频都深入浅出地阐述特定问题，便于学生学习。此外，这些视频的时长设计考虑了学生的注意力集中程度，借助网络传播途径发布的微视频还具有暂停、回放等功能，便于学生自主学习，灵活性和可塑性较高。

（三）全新的师生角色

透过FFL（Flip the Classroom Learning）教学流程的转变以及信息技术与教育领域的深度融合现象，我们可以观察到师生角色的显著变化。传统模式中的教师已经转化为学习过程中的设计者和推动者，而学生则晋升为主体和核心主角。然而，这种格局并非意味着教师地位的下降或作用减弱。恰恰相反，教师在此过程中所起的关键性作用仍然至关重要，他们的决策直接关系着翻转课的效果。

（四）"满十进一"的进阶方式

为了保证学生确实深度理解并掌握所观看过的微视频所涵盖的知识点，借助于现代化的信息技术平台，我们可以采用"满十进一"策略的学习进度管理办法。具体是指当学生观看完第一段微视频之后，根据问题解决之道完成具有通关性质的学习作业。只有在回答正确之后，方能进行此后的视频学习阶段。若答案错误，学生将依据相关提示返回观看原视频，或通过在线请求帮助以进一步学习该知识点，直至圆满完成跨度作业后，方可进入新主题知识点的学习进程。在整个学习周期结束之际，学生需参加单元测试，只有和单元内容紧密关联且符合应达到的熟练掌握标准时，学生才有资格踊跃开启下一单元的学习旅程。

依靠此种精密的"满十进一"模式进行学习进度管控，只要条件允许，加之有效的针对性辅导相辅相成，我们完全有可能确保学生对每一个知识点、每一个知识单元达到深入理解、娴熟运用的水平，进而实现班集体内绝大部分同学均能够熟练掌握这些知识与技能。

（五）积极学习的实现形式

采取翻转课堂教学模式的教师往往会非常重视培养学生自主，而不是依赖教师或家长来负责任地进行自我学习。只有当学生明确认识到自身的学习目标，全心全意投入到为实现这一目标所付出的努力和探索中，并且能用恰如其分的方式证明自己已达到设定的学习目标，才算得上真正意义上的主动积极学习和自主探究。在翻转课堂的表象之下，学生按照教师设计好的学案指导，在课前自行学习微视频，课堂上可以独立思考或组成团队共同交流研讨学习收获，大胆参与问题解决。作为授课方，教师需经常巡查关注学生的学习状况，及时提出问题，耐心解答疑难问题。而在小型班组内部，人人手上皆有任务，尽管表面看来可能显得有些纷繁，学生不似过去那般安静有秩序，但是无疑使每位学生都积极且充满活力地进行认真学习。

（六）对信息技术依赖程度较强

学生在课后自学环节若缺乏信息技术手段的支持，就非常难以获得教师的及时反馈和指导，从而对学习效果产生负面影响。不论是教学资料的制作还是教学视频的播放，无不彰显出信息技术对它们得以便捷有效地传递给学生的重要性。至于如何检验课前学习成果，同样离不开信息技术的大力支撑。因此，对教师而言，所需具备的关键素质包括不断学习信息技术相关知识，提升操作实践技能。

（七）复习检测方便快捷

在翻转课堂这种独特的教学模式中，学生在观看完精心制作的教学视频之后，能否准确理解并掌握所学知识呢？视频后的4~5道小问题便为他们提供了一种即时的检测方法，使得这些学生能迅速评估自身的学习成果，并对尚存疑虑之处进行深入剖析。若发现问题回答得不够理想，那么学生可以选择回到先前的内容重新审视，从而精确找出问题的症结所在。此外，针对这些问题的反馈与解答结果将被及时上传至云端平台进行综合分析处理，以便教师全面掌握全班同学的学习状况。值得一提的是，教学视频的另一项重要功能便是便于学生在一定时间段内的复习与巩固复习。借助于此，评价技术得以充分运用，使得学生在各个学习阶段的表现都能获得详尽且实在的数据支持，进而助力教师更为准确地把握每位学生的学习动态。

二、翻转课堂的意义

对翻转课堂教学模式的深度探讨与剖析，无疑将有力提升学生在信息获取、信息处理方面的素养，同时也会对培养学生自我构建知识体系的能力、解决实际问题的能力以及团队合作与社会实践能力产生明显的推动效应。因此，在当今高等院校逐步转向应用型人才培养的大背景下，开展翻转课堂教学具有极为重大的理论指导价值与实用操作意义。

（一）翻转课堂的理论意义

翻转课堂的核心理念在于将原本在教室中的知识传递环节移至课外，通过给予学生自主选择最契合自身需求的学习方式来领会新知；同时将知识深化的过程引入教室之中，使得同学间以及师生间能够有更多机会进行深度的交流和互动。这种创新的教学系统具有诸多不可忽视的理论价值。

1. 彻底革新了传统混合学习模式中的教学弊端

翻转课堂作为一种新颖且深入的混合式学习模式，其不仅在形式、手段以及内容掌握等多个层面体现出传统课堂教学与线上教育之间的完美融合，更进一步体现了各类教学理念、学习理念及教学模式的深度整合。翻转课堂与传统的"课堂知识传授+课外知识内化"的教学结构相去甚远，其巧妙地将两者实施的顺序进行调整，选用在线学习的途径使学生能够依据自身的特定学习需求，选择适用的学习资源，自我制订学习计划。这样，课前便能独立完成知识传递的工作，而课堂则转化为进行深入学习探讨的场所，在此基础上，教师可进一步指引学生进行知识深化的过程。

2. 成功突破传统教学形式所面临的不利条件

翻转课堂模式对于教师与学生在教学过程中的角色定位和学习效果产生了积极而深远的影响，促进了学生学习成果的显著提升以及教师教学效率的前所未有的提升。此外，翻转课堂还大大缩短了学生掌握知识所需花费的时间成本，因此，它无疑成功地打破了传统教学形式所面临的困境，成为当前一种极具效果的教学模式。

3. 有助于培育和提升学生的综合素质

翻转课堂教学模式是以广受推崇的建构主义理论以及掌握学习理论为其核心指导思想，尊重并满足了各个学生的学习需求，进而真正实现了翻转课堂这一多渠道技术充分支持的教育模式，实现了课内与课外学习的深度融合。这为诸如实践类学科的技能操控提供了良好的学习典范。据此可见，翻转课堂教学模式对学生综合能力的提升有着极其重要的理论启示和实际应用价值。

4. 打破了知识界一直以来认知上的错误观念

如今这个信息爆炸的时代，学生越来越倾向于借助智能化工具进行人机交互式的自由学习，他们希望有一个无拘无束的环境供他们学习和研究。这在很大程度上颠覆了知识界一直在沿用的旧式认知，即只有在课上完成知识的讲授后，才能在课下为学生提供解决问题和研究思考的空间。然而，在翻转课堂教学模式下，课堂却成了学生消化、吸收知识、构建知识体系的关键时期。而建构主义学习理论所倡导的学生在教师指导下以自我为中心展开学习的方式，恰恰与翻转课堂教学模式高度吻合。

（二）翻转课堂的实践意义

翻转课堂的创新理念颠覆了传统教学的路径，有效地解决了当前教学实践中所面临的诸多棘手问题。它使得教师从过去单纯扮演知识传授者的角色，成功转变为学生学习道路上的引领者与助推器。这样一种形式下的学习，能够真正实现学生在教师精心引导下自主探究式的个性化学习，从而使得每位学生都能够获得充裕的成长空间。

关于我国翻转课堂的现状，虽然目前在具体操作层面仍显稚嫩，相关理论研究成果及实践经验相对不足，且尚有许多待解决的细微环节问题，如如何在宽松的学习环境中培育学生的自控力、如何提升教师的整体实力，以及如何打破现有的教学评估机制等问题，这些都需要进一步深化研究探讨。然而不可否认的是，此种革新性的模式已得到社会各界广泛关注，激发了广大教育工作者的研究积极性，对于推动我国教育观念的深刻变革具有举足轻重的重大意义。

在教学方法的实践创新层面，翻转课堂呈现出以学生为核心的鲜明导向，实现了各种教学方法的有机融合，同时也对网络教学 Moodle 平台的设计与开发提供了有益参考，以适应大学生核心能力的培养需求，即要让学生成为学习的主要发起方，使其在师生共同探索以及课外实践活动中更好地理解并实践教育理念。Moodle 平台科学规范化的功能模块，为翻转课堂的有效实施提供坚实的技术支撑，协助教师全面监控学生的学业发展情况，从而开辟多元化的教学途径，确保翻转课堂的顺利开展，以此来有效弥补传统高等教育机构现有教学体系的不足之处，进而达到推动高校向应用型人才培养战略转型升级的根本目的。

进入数字化时代以来，信息技术已然深刻融入人们的日常生活、学习与职业生涯，运用最新科技进行教学已逐渐成为教育领域进步的必然趋势。因此，积极探索翻转课堂教学策略，必将对高等教育事业产生深远而持久的影响。

三、翻转课堂的实施

在推行翻转课堂这一教学模式之时，各大学校应结合自身办学特色，逐渐摸索并创建出一套独具匠心且与学校实际相契合的翻转课堂实施策略与模式。尽管各校所采取的翻转课堂教学模式在细节上可能有所差异，然而，这些模式在实施过程中所遵循的基本流程却是相似的。

（一）课前准备阶段

1. 教师行为

（1）剖析教学目标

教学目标是通过各种教学活动期待达成的预设成果。在翻转课堂的规划阶段，首先需要明确教学目标，以便有的放矢地制定教学策略。分析教学目标有助于教师了解哪些内容适合通过视频讲解、哪些内容适宜在课堂上进行师生互动，从而避免教学过程的盲目性和迷茫感。

（2）制作教学视频

高质量的教学视频是翻转课堂的关键环节之一。制作教学视频的步骤包括制订课程计划、设计录影画面、谨慎剪辑图像素材和合理安排视频发布。教师需根据学生的学习需求和习惯精心设计视频内容，并选择适宜的发布渠道，以确保所有学生都能方便地观看。

（3）布置进阶作业

教师在课前布置进阶作业，要求学生在观看教学视频后完成相关任务。这些任务可以是针对视频内容的理解与思考，也可以是解决问题的实践练习。通过进阶作业，教师可以了解学生对知识的掌握程度，并为课堂互动奠定基础。

（4）建立在线互动平台

教师可以利用在线平台为学生提供学习资源、发布作业任务、答疑解惑等服务。这种平台不仅便于教师与学生之间的交流互动，也有助于学生之间的合作学习与知识分享。

以上这些策略和步骤，有助于教师在推行翻转课堂教学模式时更加有效地进行课前准备工作，为教学过程奠定良好的基础。

2.课外活动组织策略

（1）观阅教学影像资料。

为适应教学需求及个性差异化教学方式的实施，教师运用多媒体元素录制制作教学短片，以供学生自行学习。这种方式有效缩短了课堂教学的时间消耗，为具有良好学习能力的学生提供了更快、更轻松地掌握相关知识点的途径。对于学习进度较慢的学生，这种方式消除了他们在传统课堂上可能面临的困境，使其能够根据实际学术状况对教学内容进行适当暂停，更好地理解和消化知识点。学生在观看教学视频时可以将不理解的知识点详细标记在记录本上，在后续的课堂探讨中有针对性地寻求答案，从而自主调控学习节奏。学生需要对观看的教学视频内容进行整理和归纳，明确自己的所得以及尚存疑问的细节。

（2）适量完成课堂配套习题。

学生在观看教学视频后，按照教师的指导完成相应的课堂配套练习题。这些题目旨在针对教学视频中揭示的核心知识点，增强学生对所学内容的记忆和内化，进一步精准把握学生存在的难题所在。教师应合理设定练习题的数量和难度，让学生完成这些题目以实现从旧知向新知的转化，提升学习效果和深化知识理解。学校可以通过即时通信平台与学生开展信息交流，了解学生在观看教学影片和完成练习过程中遇到的困难。教师还可以实时参考学生完成作业的情况，准确把握学生的学业状态。同时，学生之间可以通过相互交流、互动咨询等方式分享心得体会，共同解决课业难题。

（二）课中教学活动阶段

1.确定问题，交流解疑

在课程实施中的授课环节，解析问题并展开互动交流是至关重要的步骤。学习者在观看教学视频时，由于个体的知识储备、视角等方面的差异，可能对同一内容的理解产生偏差。这种认知偏差不仅是常见的现象，更是促使学习者形成全新认知结构的机遇。因此，在课程的起步阶段，教师应根据学习者观看的教学视频以及网络交流平台上反馈的问题，组织相互间的探讨，解读存在的难题。同时，学习者也应该坦诚地反馈自己在观看教学视频后仍存留的困惑。在这个过程中，教师将与同学们共同研究探讨这些问题，使学习者成为交流中的重要学习资源。通过这种互动交流，学生不仅可以更加深入地理解知识，还能够培养批判性思维和合作精神，从而促进学习的有效进行和知识的全面掌握。

2. 独立探索，完成作业

在课程实施中的授课环节中，自主探究和完成学科任务是至关重要的步骤。个人独立学习的能力是每一位学习者必须具备的基本素质之一。缺乏独立思考和学习的能力将会使我们在社会竞争中处于被动地位。翻转课堂模式为每一位学习者提供了灵活、自主的学习环境，允许他们不受干扰，专注于课堂学习并独立完成教师布置的各类作业，自主开展各种科学实验等实践操作，以此深入理解知识。

在这个过程中，学习者需要审慎地探究自我认知知识的独特角度，积极构建系统性的知识体系，从而更好地对知识进行深化理解。学习者对知识的初步探究将为其独立解决问题的能力培养奠定基础。教师应给予适当的指导，以协助学习者顺利完成相关任务。随着学习者逐渐培养起独立解决问题的能力，教师应逐步放权，使学习者在自主学习过程中逐渐完善自己的知识体系。

这种自主探究和完成学科任务的过程不仅能够培养学习者的独立思考能力和问题解决能力，还能够激发学习者的学习兴趣和动力，促进其全面发展。同时，这也是教师在翻转课堂模式下发挥的重要作用之一，他们需要在学习者的自主学习过程中起到引导和支持的作用，以确保学习者能够顺利地完成学科任务，并逐步提升自己的学习水平。

3. 合作交流，深度内化

在课程实施中的授课环节中，团队协作是实现深度内化的重要步骤。通过个人独立的探究式学习，学习者已经建立了基本的知识体系。然而，要将这些知识真正转化为内在的东西，需要借助团队协同合作的力量。在这个过程中，学习交往成为学习者在与他人的对话交流、探询讨论等多种形式的学习活动中磨炼提升的具体体现，也是实现个人全面发展的必要手段。

在翻转课堂的实践中，学生通常会被划分成各个小组，每个小组的成员数量在3~4名左右。在这个基础之上，小组成员不仅要充分利用各自的独立探究学习的成果，还应积极与同伴分享和交流各自对知识点的独到见解与认识。教师在这个过程中不应仅仅坐在讲台前享受高高在上的权威感，而应当走入学生的讨论与互动当中，让身临其境地体验学生团队的学习生活。面对讨论中的难题，教师应提供宝贵意见，引导学生反思对知识的片面理解。

在团队协作过程中，学生的批判性思维、主动参与课堂活动的能力以及追求卓越的学习态度必将得到极大提高，从而促使他们扮演好学习的主角，从"迫于压力去学"到"主动寻求知识"的转变。同时，教师也应逐渐转变为学生学习道路上的引领者及推动者，而不仅仅局限于传统的教导和传递知识的角色。现代教育领域日益重视合作学习和小组学习模式，许多学校都转向了更加适合学生未来发展的创新型教学方法。

（三）成果展示与分享交流阶段

在成果展示及分享交流阶段，学生通过讲演大会、展览会、辩论赛事或小型竞赛等形式，展示其在学业中积累的宝贵经验和独特见解。这一阶段提供了学生展示成果的平台，让他们从教师和同学的评价中获取更深入全面的理解和领悟。同时，他们也有机会观察和分析其他同学或团队的展示，借鉴他人的优点，反思自身的优势和改进之处。这种互动促进了学生间思想的交流和碰撞，培养了他们的批判性思维和自信心。

教师在这一阶段不仅是组织者，更是引导者。他们营造出一种尊重多元、公平公正、和谐共处、自由开放的课堂氛围，适时掌握和调整学生的学习进度和未来发展方向。通过聆听学生或团队的汇报，教师可以准确把握学生的知识掌握程度，有针对性地进行后续教学计划的调整和"弥补"。

在翻转课堂教学模式中，教师不仅鼓励学生在课堂中进行展示，还支持他们制作微视频并上传至社交网络，方便教师和同学共同参与探讨和交流。然而，翻转课堂的成功并不仅仅取决于视频作品的质量，更关键的是如何设计课堂学习活动，使学生成为自主学习的主导者。这一点是翻转课堂模式带给我们的最具启示性焦点。

参考文献

[1] 周起义，曹茜，金蕾，等.高校教育信息技术应用[M].北京：北京工业大学出版社，2014：1.

[2] 张德时.地方高校教育信息化建设与应用创新[M].南京：东南大学出版社，2010：12.

[3] 柴晓娟，代根兴.高校图书馆评估与管理[M].北京：北京图书馆出版社，2006：4.

[4] 兵工高校教材工作研究会.高校教学管理与研究[M].北京：兵器工业出版社，2004：12.

[5] 黄景贵.经济管理教学方法与教学管理研究[M].北京：对外经济贸易大学出版社，2004：12.

[6] 孙俊逸，刘腾红，湛俊三.高校计算机教育教学创新研究[M].武汉：华中科技大学出版社，2010：10.

[7] 杨煜祥.高校教学管理与研究：第2辑[M].北京：兵器工业出版社，2006：11.

[8] 曹邦英，戴丽红.理工高校素质教育与经管专业教育教学改革研究[M].成都：电子科技大学出版社，2012：5.

[9] 刘春明，郭飞君.高校教学研究[M].长春：吉林大学出版社，2007：3.

[10] 周定文，谢明元.教育教学一体化改革的研究与实践[M].成都：电子科技大学出版社，2012：6.

[11] 郭庆义，太学英，等．少数民族预科教育教学与管理 [M]．成都：西南交通大学出版社，2014：8．

[12] 上海市教委信息中心．高校信息化建设与管理 [M]．上海：同济大学出版社，2006：7．

[13] 刘伦．高校教育科研管理研究 1999[M]．成都：四川科学技术出版社，2000：6．

[14] 王青逯．教育信息化理论研究与实践探索 [M]．长春：吉林人民出版社，2007：1．

[15] 陈年友．高校教育教学改革论文精选：第 2 辑 [M]．武汉：武汉理工大学出版社，2003：7．

[16] 中国高等教育学会师资管理研究分会．高校师资管理新探：第 14 辑 [M]．苏州：苏州大学出版社，2013：11．

[17] 谢幼如，郑云翔，宋灵青，等．引领与推动 教育信息化绩效评价 [M]．北京：高等教育出版社，2016：7．

[18] 张成洪．高校信息化的规划与评价 [M]．上海：复旦大学出版社，2006：12．

[19] 梁丽肖．教育信息化背景下高校管理机制探究 [M]．长春：吉林人民出版社，2021：5．

[20] 刘雍潜．教育信息技术教学实践探索 [M]．北京：中央广播电视大学出版社，2008：7．

[21] 中国高等教育学会师资管理研究分会．高校师资管理新探：第 11 集 [M]．广州：华南理工大学出版社，2010：12．

[22] 李克武．教学改革与教学管理研究 [M]．武汉：华中师范大学出版社，2005：10．

[23] 陈功锡．生物资源与环境科学教学研究与实践 [M]．成都：西南交

通大学出版社，2011：2.

[24] 熊健民，张颖江，龚发云.高等教育教学改革与实践[M].武汉：中国地质大学出版社，2006：8.

[25] 刘雍潜.教育技术应用与整合研究[M].北京：中央广播电视大学出版社，2005：6.

[26] 赵慧，李春宁.教育与教学论坛[M].北京：兵器工业出版社，2006：7.

[27]《教育教学改革新探索》编委会.教育教学改革新探索[M].北京：知识产权出版社，2007：5.

[28] 吕浔倩.信息化高职教育教学管理研究[M].西安：西北工业大学出版社，2019：9.

[29] 张伯敏.现代信息技术环境下的外语教学[M].海口：海南出版社，2006：5.

[30] 郑红京.网络信息时代图书馆服务创新管理的发展研究[M].长沙：湖南大学出版社，2010：4.

[31] 佐斌.教育文献信息资源建设[M].武汉：华中师范大学出版社，2010：9.

[32] 龚敏，傅成华.地方高校教学改革与教学研究探索[M].成都：西南交通大学出版社，2009：12.

[33] 刘雍潜.信息技术环境构建与教学应用[M].北京：中央广播电视大学出版社，2009：6.